Friedrich Schneider

Die St. Paulus-Kirche zu Worms

Ihr Bau und ihre Geschichte

Friedrich Schneider

Die St. Paulus-Kirche zu Worms
Ihr Bau und ihre Geschichte

ISBN/EAN: 9783743644540

Hergestellt in Europa, USA, Kanada, Australien, Japan

Cover: Foto ©ninafisch / pixelio.de

Weitere Bücher finden Sie auf **www.hansebooks.com**

zur Eröffnung des

zu

Worms

9. October

M·D·CCC·LXXXI

zur Eröffnung des Paulus-Museums
zu Worms
9. October 1881.

Die
St. Paulus-Kirche
zu Worms
ihr Bau und ihre Geschichte

von

Friedrich Schneider.

Willkomm

Willkommen, werthe Gäste im
alten Worms am Rhein,
Die ihr zum frohen Feste so
gern hier kehret ein,
Ihr Alten und ihr Jungen, ihr kommet
heut' zu Hauf;
Die Stadt der Nibelungen macht weit das
Thor euch auf.

Ihr Freunde der Geschichte, der grauen Väterzeit,
Euch grüßen im Gedichte die Wormser hoch erfreut;
Die Helden selbst sich regen und steigen aus der Gruft,
Sie ziehen euch entgegen in frischer Morgenluft.

Seht, mit den Brüdern reitet der junge Giselher,
Gewappnet und gekleidet mit Helm und Schild und
Speer;
Dort naht von Tronje Hagen, der Recke stark und kühn,
Wie seine Schultern ragen, von Muth die Wangen
glüh'n.

Dann Sigfried kommt, der schnelle, des schönsten Kriegers
               Bild,
Und neben ihm strahlt helle die liebliche Krimhild.
Vergangen und vergessen ist längst der alte Streit,
Vorüber Noth und Bangen; denn Alles heilt die Zeit.

   Und hinter ihnen schreitet, zu Fuß und hoch zu Roß
Gar ritterlich gekleidet, der treuen Mannen Troß;
Der erste in der Reihe marschiret stolz und leicht:
Herr Volker von Alzeie, der froh die Fiedel streicht.

   Wie lieblich heut' sie klinget, wie fliegt der Bogen schnell;
Das Lied, das Volker singet, wie tönt es heut' so hell:
»Willkommen, traute Gäste im alten Worms am Rhein,
»Die ihr zum schönen Feste so zahlreich kehret ein.

   »Daß ihr zu uns geeilet, uns Wormsern wohl gefällt;
»Auch ist, daß gern ihr weilet, Liebfrauenmilch bestellt.
»Seht ihr im Becher blinken den edlen Wein so hold,
»So denket all': Wir trinken der Nibelungen Gold.«

er Schatz war groß, den einst Krimhild
ließ bringen
Hinauf nach Worms in der Burgunden Land.
Wie leuchten hell Rubin und Diamant;
Hört ihr das Gold und Erz und
Silber klingen?

Doch es versenkte, wie die Lieder singen,
Der grimme Hagen in des Rheines Sand
Die Schätze alle. Was im Strom verschwand,
An's Licht zu fördern, wollte nie gelingen.

Doch seht! Was strahlet in der Kirche dort?
Manch' altes Kleinod wir gefunden sehen
Und wohl geborgen an dem hehren Ort.

Wer hieß den Schatz so glanzvoll denn erstehen,
Wem danket Worms den Nibelungenhort?
Dir, Maximilian, und Dorotheen!

Willkomm

Willkommen, werthe Gäste im
  alten Worms am Rhein,
Die ihr zum frohen Feste so
  gern hier kehret ein,
Ihr Alten und ihr Jungen, ihr kommet
  heut' zu Hauf;
Die Stadt der Nibelungen macht weit das
  Thor euch auf.

Ihr Freunde der Geschichte, der grauen Väterzeit,
Euch grüßen im Gedichte die Wormser hoch erfreut;
Die Helden selbst sich regen und steigen aus der Gruft,
Sie ziehen euch entgegen in frischer Morgenluft.

Seht, mit den Brüdern reitet der junge Giselher,
Gewappnet und gekleidet mit Helm und Schild und
  Speer;
Dort naht von Tronje Hagen, der Recke stark und kühn,
Wie seine Schultern ragen, von Muth die Wangen
  glüh'n.

Dann Sigfried kommt, der schnelle, des schönsten Kriegers
Bild,
Und neben ihm strahlt helle die liebliche Krimhild.
Vergangen und vergessen ist längst der alte Streit,
Vorüber Noth und Bangen; denn Alles heilt die Zeit.

Und hinter ihnen schreitet, zu Fuß und hoch zu Roß
Gar ritterlich gekleidet, der treuen Mannen Troß;
Der erste in der Reihe marschiret stolz und leicht:
Herr Volker von Alzeie, der froh die Fiedel streicht.

Wie lieblich heut' sie klinget, wie fliegt der Bogen schnell;
Das Lied, das Volker singet, wie tönt es heut' so hell:
»Willkommen, traute Gäste im alten Worms am Rhein,
»Die ihr zum schönen Feste so zahlreich kehret ein.

»Daß ihr zu uns geeilet, uns Wormsern wohl gefällt;
»Auch ist, daß gern ihr weilet, Liebfrauenmilch bestellt.
»Seht ihr im Becher blinken den edlen Wein so hold,
»So denket all': Wir trinken der Nibelungen Gold.«

er Schatz war groß, den einst Krimhild
ließ bringen
Hinauf nach Worms in der Bur-
gunden Land.
Wie leuchten hell Rubin und Diamant;
Hört ihr das Gold und Erz und
Silber klingen?

Doch es versenkte, wie die Lieder singen,
Der grimme Hagen in des Rheines Sand
Die Schätze alle. Was im Strom verschwand,
An's Licht zu fördern, wollte nie gelingen.

Doch seht! Was strahlet in der Kirche dort?
Manch' altes Kleinod wir gefunden sehen
Und wohl geborgen an dem hehren Ort.

Wer hieß den Schatz so glanzvoll denn erstehen,
Wem danket Worms den Nibelungenhort?
Dir, Maximilian, und Dorotheen!

QUOTQUOT ERANT VARIAS PER PLAGAS
TRISTE VAGANTES

VANGIONVM ECCE LARES PAVLVS ADVNO
LVBENS.

> Sollte der Boden niemanden lieb genug sein,
> sollten die noch vorhandenen Denkmäler der Bau-
> kunst und Dichtung niemanden genug anziehen,
> um etwas würdiges für die Geschichte der Stadt
> zu thun oder zu veranlassen?
>
> Joh. Friedr. Boehmer, Fontes Rer. Ger-
> manicar. Vorr. zu den Annal., Diplom.
> et Regesta Wormat. 36.

WORMS, Stadt und Gegend ist vor anderen Orten durch große Erinnerungen der Sage und Geschichte ausgezeichnet. Ein eigener Zauber umwebt seinen Namen, und mit dem Bilde der Stadt tauchen die Helden der Vorzeit und die hehren Gestalten der Geschichte in der Vorstellung auf. Ahnungsvoll und hochgestimmt betritt diesen Boden, wem die Vergangenheit mehr ist als leerer Schall.

Kaum ward in der Neuzeit so tief empfunden die Bedeutung von Worms in großen Zügen entworfen als von Böhmer. Mehr denn einer dem deutschen Volke und seiner Geschichte zugethan, hat er die Ergänzung und Herausgabe der geschichtlichen Denkmäler auch der Stadt Worms sich zur Aufgabe gemacht. Im Juni 1835 in der »damals von Rebenblüthe ganz umdufteten« Stadt eröffneten im

Stadtarchiv sich ihm die werthvollsten Quellen; unermüdete Forschung ergänzte dieselben von verschiedenen Seiten. Zehn Jahre später schrieb er bei Veröffentlichung der Wormser Geschichtsquellen:
»Ich mag von diesem erinnerungsvollen Boden nicht scheiden ohne noch einen Rückblick. Die Stadt Worms, wie sie sich durch die Jahrhunderte ihrer Kraft erbaut hatte, stand noch bis auf den Anfang des siebzehnten Jahrhunderts in voller Herrlichkeit. In der Mitte die Altstadt, ausgedehnt um den sie und ihre übrigen Kirchen und öffentlichen Gebäude überragenden Dom, abgeschlossen durch eigene Mauern, Thore und Thürme; dann sie rings umgebend die Vorstädte, ebenfalls wieder ausgezeichnet durch Kirchen und Klöster und dann wieder von einer bethürmten Mauer und anderen Festungswerken umgürtet; das Innere, wie man sich vorstellen kann, voll von Denkmalen des Alterthums und Werken der Kunst. Die Zerstörung begann im dreißigjährigen Krieg unter unzähligen Bedrückungen dadurch, daß 1632 eine schwedische Besatzung, um sich besser behaupten zu können, den größten Theil der Vorstädte zerstörte. Was damals übrig blieb, also namentlich die Altstadt, wurde mit Speier, Oppenheim und so vielen anderen Orten 1689 im orleans'schen Kriege unter den empörendsten Neben= umständen die Beute französischer Mordbrennerei. Von den wenigen Kirchengebäuden, welche damals noch erhalten wurden, sind mehrere erst in neuesten Zeiten abgerissen worden, so seit 1807 die äußerst merkwürdige achteckte St. Johanniskirche und etwa fünfzehn Jahre später der sehr schöne Domkreuzgang aus dem fünfzehnten Jahrhundert, den ich selbst noch gesehen habe. Von den alten Vorstädten ist jetzt nichts mehr übrig als die von den Zünften erbaute Liebfrauenkirche. Baufällig steht sie weithin einsam zwischen Feldern und Gärten. Ausgezeichnet sind noch jetzt, soweit das feste Mauerwerk der Zerstörung widerstand, der herrliche Dom mit zwei Kuppeln und vier Thürmen, dann die Kirchen St. Magnus, St. Paul und St. Andreas, beide letztere durch profane Benutzung entweiht.«[1] So zeichnet Böhmer mit wenigen kraftvollen Strichen Geschichte und Bild der Stadt, seit die Tage der Heimsuchung über sie ergangen sind.

Abbildungen von Worms in seiner alten Herrlichkeit bietet zuerst Sebastian Münster in seiner Cosmographie vom Jahr 1550, dann Merian zwischen den Jahren 1645—48 und namentlich Peter Hamann, der 1690 aus der Vogelschau das Bild der Stadt vor ihrer Zerstörung gibt.[2]

Zu den Kirchen, welche die Stürme der Zeit überdauert haben, gehört die Stiftskirche zum heil. Paulus, und neben dem Dom hat kein anderes Gebäude in seiner Gesammterscheinung so sehr die frühere Eigenthümlichkeit bewahrt als eben die Paulus=Kirche. Auf dem markig geschnittenen Prospekt bei Sebast. Münster ragen die Kuppelthürme ebenso eigenartig unter den

✤✤✤✤✤✤✤✤✤✤✤✤✤✤✤✤✤✤✤✤✤✤✤✤✤✤✤✤

hohen Helmen und steilen Dächern des alten Worms hervor, wie nach dem Stadtbrand und wie zu unseren Tagen.

Fast sind es 80 Jahre, seit die Kirche ihrer einstigen Bestimmung in Folge der Stürme der Revolution entzogen worden. 800 Jahre hatte das Stift bestanden, seit Kaiser Heinrich II. 1002 die alte Burg der Salier, welche an dieser Stelle gestanden, nebst dem Allodialgute bei der Stadt dem Bischof Burkard I. übergeben hatte. Es galt die Stadt damals fast neu zu gründen: Kirchen und Mauern wurden erbaut, Stätten der Andacht und der Wissenschaft gestiftet, die Bewohner gesammelt, geistliches und weltliches Recht geregelt und jene glanzvolle Zeit damals eingeleitet, welche mehrfach im Laufe der folgenden drei Jahrhunderte Worms als vorderste der deutschen Städte erscheinen ließ. In den Tagen jener segenbringenden Umgestaltungen unter Bischof Burkard erfolgte die Gründung jenes Stiftes, dessen Kirche, wenn auch in mannigfacher Umgestaltung, sich an der Stelle heute noch erhebt.[3]

Gewiß ist es bedeutsam, welche Erinnerungen sich an diese Stätte knüpfen. Geistliches und Weltliches ist hier innig verkettet: die alte Burg der Salier weicht einem kirchlichen Bau; die Stätte des Friedens schien dem Neubegründer der Stadt für deren Wohlfahrt gedeihlicher als die bedrohliche Burg. Die Zeiten haben sich gewendet: wo einst das Lob Gottes ertönte, war nur mehr Verödung zu sehen. Aber nicht immer sollte die ehrwürdige Stätte zwecklos siechem Verfall entgegen gehen. In anderer Weise sollte sie dem Nutzen der Stadt gewidmet werden. Wie das Gebäude selbst ein vielhundertjähriger Zeuge für die Geschichte von Worms ist, so sollte unter seinem schützenden Dach eine Zufluchtsstätte für jene obdachlosen, ihrer einstigen Stelle und Bestimmung beraubten Stücke sich eröffnen, die einst als Glieder jenem ehrwürdigen Gemeinwesen angehörten, das nur zu sehr an seiner alten Größe und Herrlichkeit gekürzt worden.

Schon füllen sich die Räume und gleichsam einem geheimnißvollen Rufe folgend, ringen aus dem Dunkel der Vergessenheit, aus Grabesnacht, aus Staub und Moder, aus Mißachtung und Mißhandlung, oft trümmerhaft und aller Zier beraubt die Reste alter Kunst und die Zeugen einstigen Lebens sich los, um die jüngst noch öden Hallen der Paulus-Kirche zu bevölkern. Ein frischer Hauch ist über die Trümmersaat gegangen; ein neuer Geist macht in ihnen sich geltend; was dem Verderben geweiht schien, erwacht zum Leben. So ersteht denn die Paulus-Kirche zu anderer Bestimmung; ihre Umgestaltung gewährt ihr erneute Bedeutung.

Als vor sechszig Jahren Georg Moller sein bahnbrechendes Werk, die Denkmäler der deutschen Baukunst, herauszugeben begann, nahm er die Paulus-Kirche unter dieselben auf und widmete ihren älteren Theilen eine Aufnahme, die heute noch als Muster von sorglicher und feinfühliger Ausführung zu gelten hat.⁴ In dem Maße, als die junge Kunstwissenschaft sich entwickelte, fand der Wormser Bautenkreis vermehrte Aufmerksamkeit. Neben Kugler, Lübke, Schnaase⁵ und Otte,⁶ denen ein begabter Wormser, Johannes Hohenreuter⁷ sich anschloß, zog Ferdinand von Quast⁸ und jüngst noch Rud. Redtenbacher⁹ die Paulus-Kirche besonders in den Umfang ihrer Betrachtung, so daß keiner der hervorragenden Vertreter der Kunst- und Baugeschichte dieselbe übergangen hat. Sie alle erkennen den Werth und die Eigenart des Bauwerks an, das einerseits den Einfluß der älteren Wormser Bauschule an sich trägt, anderseits aber vermöge seiner Eigenthümlichkeiten in fremde Architekturgebiete übergreift, oder doch jüngere Einwirkungen von außen erkennen läßt.

Die überlieferten Angaben zur Baugeschichte sind nicht eben besonders reichlich; allein es bieten sich dennoch Anhaltspunkte genug, um die sachlich angezeigten Unterschiede auf bestimmte Zeiten und Vorkommnisse zurückzuführen.

Die Nachricht von der Gründung der Kirche und des Stiftes durch Bischof Burkard I. nach Ueberweisung der Königsburg zu diesem Zwecke im Jahre 1002 hat wohl nur mehr geschichtlichen Werth. Die Errichtung von Kirche und Stift erfolgte indeß erst nach längerem Zwischenraum; denn obgleich die Stiftung nicht allzulange nachher vom Erzbischof Willigis von Mainz bestätigt worden, so scheint doch geraume Zeit, anscheinend 14 Jahre bis zur Vollendung hingegangen zu sein. Wenn Burkard I. zum Bau der Kirche die Trümmer der abgebrochenen Burg verwandte, so werden wir uns diese Ausbeute wohl kaum erklecklich vorzustellen haben, da selbst königliche Burgen jener Zeit nicht in dem Sinne Monumentalbauten waren, wie wir solche nach dem Vorbilde späterer Zeiten anzunehmen leicht geneigt sein möchten. Daß von der Zeit der ersten Gründung nachweisbare Spuren auf uns gekommen seien, wird zur Zeit durchweg verneint. Zwar wird allseitig zugegeben, daß die beiden Stiegenthürme, welche zwischen die westliche Vorhalle und das Schiff in eigenthümlicher Weise eingebaut sind, von einem älteren Bau herrühren. Sicher ist, daß sie mit der Vorhalle nicht in Verband stehen, und ihre Durchbildung im Aeußeren eine freiere Lage voraussetzt, als es dermalen der Fall ist. Jetzt treten sie nur in ihren oberen Theilen sichtbar heraus, während sie nach der ursprünglichen Absicht zum größeren Theil auch in den unteren Stockwerken freilagen und das westliche Ende des Schiffes mit zwischenliegender Halle und Giebel flankirten. In der kreisrunden Form der Thürme klingen hochalterthümliche Erinnerungen an; allein gerade in Worms pflanzte sich diese Eigenthümlichkeit der Bauschule in der Ueberlieferung lange fort, wie die Rundthürme am Westchore des Domes beweisen. An den Thürmen von St. Paul ist jedenfalls die eigenthümliche Ausführung der Lissenen,

✣ ✣

welche aus kurzen Kopfbindern mit eingestellten Platten bestehen, die schlichte Behandlung der Bogenfrieße, die eigenthümliche, schwankende Ausbildung der Gurtgesimse und Pilasterfüße durchaus geeignet, einen alterthümlichen Eindruck hervorzubringen. Sie stimmen thatsächlich in manchen Einzelheiten mit den runden Stiegenthürmen am Dome zu Mainz überein, welche der Zeit des Bischofs Burkard und seines Zeitgenossen Willigis unzweifelhaft nahe stehen. Völlig haltlos ist jedoch die Annahme, sie seien die Reste eines 1110 geweihten Baues, der wegen drohenden Einsturzes sei aufgeführt worden. Die darauf bezogene Nachricht hat einzig die Ordnung innerer Angelegenheiten des Stiftes zum Gegenstand und wurde nur mißverständlich auf das Gebäude übertragen. Wir sind somit zur annähernden Feststellung der Bauzeit beider Thürme in ihren unteren Stockwerken lediglich auf ihre baulichen Eigenthümlichkeiten angewiesen. Diese sprechen in der That für eine verhältnißmäßig frühe Bauzeit. Neben den einfachen Bauformen selbst fällt die Verwendung von Bruchsteinen zum Bau und deren hohe, alterthümliche Schichtung hier in Betracht. Unter diesen Umständen dürfte jedenfalls die Frage offen zu halten sein, ob nicht die Thürme doch als Reste des ersten Baues anzusehen wären.

Leider bleiben wir auch in der Folge über die weiteren Bauveränderungen an der Kirche ohne Nachricht. Der schöne, in Quadern sorglich ausgeführte Chor folgt zwar im Ganzen nach der romanischen Ueberlieferung. Allein die polygonale Grundrißbildung weist denselben schon einer fortgeschritteneren Zeit der Stilentwickelung zu. Zur annähernden Zeitbestimmung darf wohl auf die Bildung der Chornischen der Wormser Bauten überhaupt verwiesen werden. Während beim Dom der Ostchor, ebenso wie bei St. Martin und Andreas trotz verhältnißmäßig später Bauzeit geradlinig geschlossen ist, findet sich beim Laurentius-Chor des Domes der vielseitige Schluß aus dem halben Achteck angewandt; der Chor von St. Paul schließt mit fünf Seiten eines Zehneck, eine für die kleinen Raumverhältnisse sehr gewählte, zierlich wirkende Grundform. Darf nun die Vollendung des Westchores am Dom um 1234 angenommen werden, so ergibt sich damit eine annähernde Bestimmung der Bauzeit für den Chor von St. Paul. Hier tritt zwar noch nicht das phantastische Spiel mit Formen aller Art auf, wie wie es gerade den Laurentius-Chor so eigenthümlich auszeichnet; es gibt sich vielmehr eine gemessene Weise der Ausstattung überhaupt, wie im Einzelnen kund. Allein die durchlaufende Absäumung der Flächen, die Verkröpfung der Gliederung unter den Fensterbänken und die zierreiche Ausbildung der Säulen an dem Umgang, sowie die Reste von Ornamentik im Innern legen denn doch Zeugniß für die Spätzeit der romanischen Bauweise ab. Es dürfte somit der Chorbau unbedenklich um den Beginn des 13. Jahrhunderts zu setzen sein. Auch hier wird es angezeigt sein, nicht die ältere, sondern als wahrscheinlich die jüngere Entstehungszeit anzunehmen; da in der ganzen mittleren Rheingegend der Stil sich verhältnißmäßig spät und nicht ohne Einflüsse von außen aus den Formen der Schule los gemacht hat. Daß insbesondere die Bewegung der Kreuzzüge in den Bau von St. Paul hereinspielte, dürfte unmittelbar aus Hinweisen zu folgern sein, welche sich gerade an dem Chorbau erhalten haben. Am Aeußeren findet sich nämlich zweimal blos in starken Umrissen eingehauen die Kreuzform mit erweiterten Enden, wie sie zu Anfang des 13. Jahrhunderts allgemein gebräuchlich war: es ist die Nachbildung der damals üblichen Altarkreuze, welche bei Umzügen von dem Fuß abgenommen und vorgetragen wurden. Solche Kreuze trugen die Prediger allgemein und namentlich jene, welche zum Kreuzzug aufforderten, in der Hand. Die eine Darstellung ist größer, die andere kleiner, letztere ist von zwei übereinander befindlichen, erhaben hervortretenden Muscheln begleitet. Diese Zeichen fallen nicht unter die sonst an mittelalterlichen Gebäuden vorkommenden Marken oder Steinmetzzeichen; sie sind dafür zu groß und von ganz anderer Art der Verwendung. Sie haben sicher eine ganz andere Bedeutung. Das Kreuz galt damals allgemein als Zeichen, daß man zum Kreuzzug sich entschlossen hatte. »Daz kriuze bekentlich was genuoc Op dem wapen ez ein iegelich kristen truoc.« (Lohengr. 5161.) Mit Muscheln benähten die Pilger ihr langes Gewand. »Vil müscheln und ouch spenglein Bedeckent mangen bilgrein.« (Renner 13606.) Es war ungefähr die Zeit zwischen dem dritten und vierten Kreuzzug (1189—1204), und die ganze Christenheit war von dem Gedanken an die Züge nach dem heiligen Lande erfüllt. Viele hatten den Zug dorthin gelobt, konnten aber ihrem Versprechen nicht nachkommen; andere fromme Werke traten an die Stelle des ersten Verlöbnisses. Und so dürfte der Neubau des Chores von St. Paul gerade unter solchen Umständen zu Stande gekommen sein. Diese Vermuthung wird weiter bestätigt durch eine andere höchst merkwürdige Darstellung, welche im Innern des Chores an der Nordwand sich befindet. Auf einem hackenartig geschnittenen Werkstück ist nämlich ein Schiff abgebildet. Das Wasser ist durch einen Fisch versinnbildet. Das Schiff trägt auf dem Hauptmast das Bild des Kreuzes. Es war allgemein Sitte der Kreuzfahrer »Ein kriuze in einem segele« (Kudrun 488) oder am Mastbaum zu führen. »Einen vanen und ein kriuze er an den masbaum bant« (Ortnit 237). Wir möchten die Kreuze und die Muscheln, sowie das Schiff mit der Kreuzfahne als die Erinnerung ansehen, daß der Kirchenbau an die Stelle nicht erfüllbarer Versprechen nach dem heiligen Lande getreten sei. Vielleicht wäre es auch ein Gelöbniß für glückliche Heimkehr, und einen der seltensten Nachweise hätten wir in monumentalem Ausdruck an dem Chor von St. Paul.

Gleichzeitig mit dem Chorbau dürfte der Umbau des einstigen Schiffbaues erfolgt sein. Wir besitzen zwar äußere Anhaltspunkte von letzterem Bautheil nicht mehr, da derselbe durch einen Neubau im vorigen Jahrhundert vollständig ersetzt wurde. Indeß lassen die oberen Theile der Thürme eine Veränderung wahrnehmen, welche ziemlich in die gleiche Zeit fallen dürfte. Es sind hier Schallöffnungen mit eingestellten Rundsäulchen und namentlich der so bezeichnende Kuppelschluß zugefügt worden. Auf dem kreisförmigen Thurmkörper setzen sich im Viereck Giebelfelder auf, welche zurücktretend im folgenden Geschoß achtfach wiederholen und dann mit einer Halbkugel geschlossen werden. Eine sinnreiche, dabei complicirte Lösung, welche für den Wormser Kreis charakteristisch und sicher aus fremder Anregung hervorgegangen ist. In der Stadt Worms scheint, nach den ältesten Ansichten zu urtheilen, St. Paul allein damit ausgestattet worden sein; dagegen weist der Landkreis heute noch Kuppelschlüsse ganz ähnlicher Art an den beiden Thürmen der Viktor-Kirche zu Guntersblum, an der Bonifatius-Kirche zu Alsheim und an der Pfarrkirche Dittelsheim auf.[10] Sonst wurde von dieser seltsamen Form kein Gebrauch gemacht, so daß die Wormser Bauschule darin eine ihrer Besonderheiten besitzt.[12] Ohne allzu weit in der Vermuthung uns zu wagen, möchte doch in jener wanderlustigen Zeit, welche die Menschen von einem Ende der Christenheit zum anderen in erstaunlicher Beweglichkeit pilgern sah, die Anregung im Süden, vielleicht im zunächst mittäglichen Frankreich[11] zu suchen sein.

Wie das Leben im 13. Jahrhundert überhaupt voller Wechsel und in raschester Umbildung begriffen war, so auch die Bauunternehmungen. Die Paulus-Kirche bietet auch ihrerseits hierzu einen Beleg. An der Westseite erhebt sich ein für die Größenverhältnisse der Kirche stattlicher Querbau. Ein säulengetragener Vorbau führte ehedem zu dem reichen Portale, das mit Ringsäulen und hochgezogenen Kapitellen geschmückt war. Ein mächtiges Rosenfenster öffnet sich im Mittelbau, und ein achtseitiger Steinthurm überdeckt die Kuppel der Vorhalle. Rechts und links liegen im Untergeschoß zweijochige Kapellen, welchen im Oberstock ähnliche Räume entsprechen. Der Westbau, fast ganz in Quadern aufgeführt, läßt hieraus, wie aus der vielfältigen Verwendung von plastischem Schmuck an den hervorragenden Baugliedern auf Baulust, wie auf genügende Mittel zur Zeit der Unternehmung schließen. Leider erfahren wir auch diesmal kaum Verläßiges und nur nebenbei über die Ursache und Zeit des Neubaues. Eine Irrung über Benutzung der Uferränder des Eisbaches zu Bauzwecken zwischen Stift und Bürgerschaft im Jahre 1261 gibt Anlaß, als andere Mißlichkeit aus jenen Jahren auch den Umbau der Stiftskirche und der anliegenden Rupertus-Kirche zu erwähnen:[13] von einem alten Brandschaden wohl beim Stadtbrande 1242 herrührend habe der üble Bauzustand endlich Abhilfe verlangt.

Da nicht einmal eine gleichzeitige Nachricht vorliegt, sondern nur eine ohne Quellenangabe gemachte Bemerkung aus dem vorigen Jahrhundert, so ist derselben an sich wenig Bedeutung beizumessen.

Bei Bestimmung der Bauzeit der Vorhalle darf jedenfalls eine inschriftliche Erinnerung nicht außer Betracht gelassen werden, welche auf dem Kämpfer der zwischengestellten Säule beim Eintritt rechts eingehauen ist. Sie lautet:

+ R V D E W I N · D E · V L A M B R V N E ·
V X O R · S V A · M A S V I L I A

Die zierlichen Schriftzüge sind mit einer solchen Sorgfalt in das schmale Plättchen eingeschlagen, daß deren Herstellung mit der Anfertigung des Werkstückes gleichzeitig erfolgt sein muß. Nun wird Rudewin von Flamborn, dem heutigen Flomborn, mit seiner Gattin Massivilia im Jahre 1227 erwähnt (Otterb. Urkk. S. 32). Flomborn hatte rege Beziehungen zu Worms, indem das Patronat dem Dekan und Kapitel des Domes zustand. Die erwähnten Eheleute sind nach der Inschrift wohl als Stifter und Wohlthäter der Paulus-Kirche hier verewigt; ihre Grabstätte innerhalb der Kirche zu suchen, dürfte für jene Zeit nicht wohl angehen. Es scheint eher, daß sie im Leben zu dem Bau beisteuerten, und ihr Gedächtniß durch die Inschrift sollte gewahrt werden. Allzuweit gegen den Schluß des 13. Jahrhunderts dürfte die mit dem Neubau eng verknüpfte Inschrift nicht verrückt werden; sie dient in dieser Hinsicht jedenfalls als ein, wenn auch nicht vollständig zutreffender Anhaltspunkt.

Indessen lassen sich die Eigenthümlichkeiten des Westbaues mit den gegebenen Zeitbestimmungen annähernd in Einklang setzen. Die spitzbogigen Bauformen kündigen sich namentlich in der Gewölbebildung der Kuppel und der südlichen Oberkapelle an; auch verrathen die vorgelegten Strebepfeiler erwachende Einsicht in die Bedingnisse des Gewölbebaues. Allein die gewohnheitsmäßige Behandlung der baulichen Glieder spricht sich ebenmäßig am Portal, an den Säulen mit ihren Kapitellen und namentlich in der ganzen Durchbildung des Achteck-Thurmes aus, daß hieraus die Herrschaft der alten Stileinrichtung unzweifelhaft hervorgeht. Kann nun für die Wormser Bauschule ein solches Beharren bei der alten Ueberlieferung für eine so späte Zeit, hier also angeblich um 1261 angenommen werden? Man fühlt sich zu dieser Fragestellung um so mehr veranlaßt, als um dieselbe Zeit in nächster Nähe zu Oppenheim der Chorbau der Katharinen-Kirche in den Formen der vollständig ausgebildeten Gothik entsteht. Die Kunstforschung hat bis jetzt nicht gegen die Möglichkeit dieser Zeitbestimmung entschieden; allein es ist doch sehr fraglich, ob der Westbau von St. Paul um's Jahr 1261 versetzt werden kann neben dem im Jahre 1262 erfolgten Chorbau der Katharinen-Kirche zu Oppenheim." Zwanzig oder selbst fünfzehn Jahre früher steht Mainz mit seinem Dombau allerdings noch auf der gleichen Stufe; auch entsteht noch später, wahrscheinlich um 1265 die auf einsamer Hochebene der vorderen Vogesen im Pfälzer Land gelegene Klosterkirche zu Enkenbach, die eine St. Paul mehrfach verwandte Richtung befolgt. Darf aber Worms so ganz unberührt von jener neuen Richtung gedacht werden, die von Westen her früh schon sich bis in's Herz von Deutschland verbreitete? Nach Wimpfen im Thal, das zum Wormser Sprengel gehörte, ward um dieselbe Zeit ein Baukünstler, der eben aus Frankreich und zwar aus Paris gekommen war, berufen, um den Neubau der Stiftskirche in französischer Art auszuführen.[15] Vielleicht aber ist gerade in dem Umstande, daß in Worms baukünstlerische Kräfte am Orte selbst vorhanden waren, die Erklärung zu suchen, warum fremde Meister anderwärts eher Aufnahme und Verwendung fanden.

Daß in jenen Tagen mit der baulichen Thätigkeit auch die anderen Kunstzweige zur Ausschmückung der Kirche sich vereinigten, ist nicht nur im Allgemeinen wahrscheinlich, sondern durch verschiedene Spuren belegt. Die farbige Ausstattung hielt mit der Architektur gleichen Schritt: sie trat theils ergänzend ein, indem sie die Bauglieder zur besseren Geltung brachte oder durch die Farbe das zu ersetzen suchte, was das schlichte Baumaterial nicht zu bieten vermochte; theils schmückte sie die Flächen von Wänden und Gewölben mit einfach gezeichneten, flach behandelten Darstellungen aus der heil. Geschichte oder Legende. Gerade von letzterer Art sind uns in St. Paul einige Beispiele erhalten.

Gleich in der Vorhalle begegnen wir den Umrissen und Farbenspuren eines Wandbildes, wohl eine Einzelfigur unter einem reichen architektonischen Baldachin. Unter der Tünche der südlichen Kapelle treten gleichfalls Spuren hervor, namentlich an der Decke, wo in Kreise eingezeichnete Sterne noch sichtbar sind. Vollständiger und werthvoller sind die Wandbilder, welche in dem südlichen Oratorium des Oberstockes wieder zum Vorschein gekommen sind. Einzelfiguren stehen in den Blenden beim Eintritt links: zunächst die heil. Katharina mit dem Rad, dann der Engel Gabriel mit der Legende AVE GRATIA PLENA. DNS. TEC +; ihm gegenüber Maria, die Botschaft empfangend; dann der heil. Michael mit dem Drachen. Der Stiegenhals, welcher zwar sehr störend in den Raum hereintritt, aber sicher, wenn auch nicht ganz gleichzeitig, doch bald nach Vollendung des Baues aufgeführt wurde, trägt gleichfalls Spuren einer ausgedehnten Malerei, die ganz übereinstimmend mit den anderen Resten behandelt ist. Endlich ist an der Westwand das Bruchstück aus einer größeren Darstellung erkenntlich, welche eine Heilung zum Gegenstand hat; ein Heiliger mit niedriger Mitra, langem Gewand und grünem Ueberwurf richtet eine liegende Figur auf.

✳ ✳

Sämmtliche Darstellungen sind mit dunklen Linien umrissen und leicht kolorirt. Die Zeichnung ist frei, hält sich aber in den stilistischen Grenzen und wirkt wohlthuend durch die Unmittelbarkeit der Empfindung und die Schlichtheit des Vortrags. Nach dem ganzen Gepräge sind sie im Anschluß an den Umbau der Kirche, also wohl vor Schluß des 13. Jahrhunderts entstanden.

Daß aber nicht allein diese Räume mit Bildschmuck bedacht waren, zeigt ein anderer, sehr werthvoller Rest, welcher sich unter einem der Wandbögen der alten Sakristei befindet. Es ist ein Rundbild, ebenfalls dunkel contourirt in den äußeren Kreisen mit den Regenbogenfarben umschlossen und mit Farben leicht getönt. In der Mitte ist die Geburt des Herrn dargestellt, Maria im Vordergrund ruhend, dahinter auf einer erhabenen Lagerstätte das Kind, zur Seite in halber Figur Joseph. Rechts vom Beschauer ist Aaron mit dem sprossenden Reis vor dem Altar (Numer. 17, 2 ff.), links eine stehende Figur in weiß gekleidet, vor ihr ein Engel, einen Schlüssel über einem Untersatz haltend; im Hintergrund eine Thür, wahrscheinlich die verschlossene Thüre und der versiegelte Brunnen (Ezech. 44, 2; Cant. 4, 12), wie die vorhergehenden Vorbilder des Geheimnisses der Menschwerdung. In verwandtem Sinne findet sich links unten Moses vor dem brennenden Dornbusch (Exod. 3, 4) und Gideon mit dem Vließ (Judic. 6, 36 ff.) dargestellt. Die Zusammenstellung der alttestamentarischen Vorbilder mit den Ereignissen des neuen Bundes wird gerade in dieser Form seit dem Ausgang des 13. Jahrhunderts häufiger und erhält in der s. g. Biblia pauperum eine systematische Ausbildung, wodurch der Bilderkreis für das ganze Mittelalter und selbst darüber hinaus festgestellt wird. Unter diesem Gesichtspunkt verdient das liebliche Rundbild ganz besondere Beachtung, da es sicher zu den ältesten Darstellungen dieser Art gehört.

Auch das Bogenfeld des westlichen Eingangs scheint einst bemalt gewesen zu sein; allein es sind nur ganz unklare Reste von Farbe noch zu erkennen.

Die Kirche hatte auf der Nordseite des Chores einst einen Anbau, die Sakristei, welche mit dem Innern durch einen jetzt vermauerten Zugang in Verbindung stand. Die erste Anlage ist noch an rundbogigen Blenden zu erkennen; der erste Sakristeibau war nur eingeschossig gewesen. Moller (a. a. O. Taf. 13) gibt den Grundriß derselben; er scheint sie also wohl auch noch vorgefunden zu haben. Danach war es ein von zwei Kreuzgewölben überdeckter Raum, der zuletzt vom Mittelschiff einen Zugang hatte. Ueber die Veranlassung zum Abbruch liegen nähere Nachrichten nicht vor.

Die nachträglich eingehauenen Rinnen zum Anschluß der Schildbogen, sowie das Profil der Spitzbogen-Gewölbe lassen die spätere Zufügung des oberen Stockwerks erkennen.

In spätgothischer Zeit erfolgte nämlich ein Umbau des Ganzen, wie aus den Gewölbe=anfängen mit ihren Konsolen ersichtlich ist.

Auf der Südseite der Kirche schließt sich der Kreuzgang mit den Stiftsgebäuden an. Diese Baulichkeiten kamen nicht auf einmal zu Stand, sondern gehören augenscheinlich zwei verschiedenen Bauzeiten an. Der östliche Flügel ruht auf schweren vierkantigen Pfeilern, welche mit gleich=seitigen Spitzbogen verbunden sind. Einfaches Hohlprofil mit Rundstab säumt die Vorder=kante derselben ab. Das Untergeschoß ist mit durchlaufenden Gewölben versehen, in welche die den vier Bogenöffnungen entsprechenden Kappen einschneiden. Die Außenmauern steigen ohne Stockwerktheilung auf. In unregelmäßiger Anordnung sitzen im Oberstock nach der Hofseite sechs Fenster, welche von Spitzbogenblenden umrahmt, je durch eine zierliche Rund=säule mit Laubkapitell untertheilt sind. Ein schweres Hauptgesims schließt den Mauerrand ab. Bei aller Einfachheit wirkt die Architektur dieses Flügels ungemein reizvoll. Nach allen Einzelheiten darf die nicht näher nachgewiesene Bauzeit bald nach Vollendung des westlichen Querhauses 'angenommen werden, so daß sie noch vor Ablauf des 13. Jahrhunderts zu zu setzen wäre.

Der südliche Flügel hat nicht nur verschiedene Ausbildung im Einzelnen erfahren, sondern bleibt auch in den Maßverhältnissen hinter dem erstgenannten zurück. Es wechseln im Unter=geschoß stärkere mit schwächeren Stützen, welch' letztere auch an der Vorder= und Rückseite eingezogen sind. Ungegliederte Lanzetbögen verbinden die Pfeiler; im Obergeschoß entsprechen schlichte spitzbogige Fensteröffnungen den Arkaden. Der westliche Flügel war diesem gleich, ist aber bedauerlicherweise in neuer Zeit theilweise zerstört und ganz verbaut worden. Diese Seiten des Kreuzgangs waren nicht auf Ueberwölbung berechnet. Sie brannten, wie auch der östliche, völlig aus und sind in späterer Zeit wieder mit Balkenlagen und Dachwerk versehen worden.

Wann die beiden letztgenannten Flügel aufgeführt wurden, ist zwar nicht näher belegt. Die schweren, einfachen Formen lassen jedoch mit Sicherheit auf eine verhältnißmäßig frühe Bauzeit schließen. Zur Bestimmung derselben tragen ferner mehrere Inschriften an den Pfeilerflächen bei, die offenbar Verstorbenen und wohl auch hier Bestatteten gewidmet sind.

Eine der Inschriften an der südöstlichen Ecke enthält eine Jahresangabe; sie lautet:

M°CCC°LXXXIX
COLLACIO·IOHIS
O·ALHEID·ALSE'

Im Jahre 1389 war also jedenfalls das Gebäude vollendet. Die anderen Inschriften sind nicht datirt. Nach den Schriftzügen gehören sie jedoch gleichfalls dem 14. Jahrhundert an, so daß die Erbauung der beiden Kreuzgangsflügel wohl um die Mitte des 14. Jahrhunderts angenommen werden darf. Es wird hier IA[COBVS] · PLEB[ANV]S · IN · JB[ER]SH[EIM] und C[ONRADVS?] PLEB[ANV]S · D[E] · EJCHE[N] genannt. In Ibersheim, wie in Eich stand dem St. Paulusstift seit alter Zeit die Vergebung der Pfarrstellen zu, und wir werden darum in den beiden erwähnten Pfarrern Mitglieder des Stiftes zu erblicken haben, deren Gedächtniß in dieser Weise auf uns gekommen ist.

In den letzten Jahren des 15. Jahrhunderts wurde an der Ostseite des Kreuzgangs eine Kapelle in den Formen einer sehr anmuthigen Spätgothik angebaut. Das Chörlein derselben tritt malerisch aus der Langseite heraus und verleiht dem sonst schmucklosen Bau eine besondere Zier.

Gleichzeitig mit der Kapelle wurde der Aufgang an der Südseite der Stiftsgebäude von außen angelegt. Ueber dem zierlichen gothischen Portal mit seinen gebrochenen Bogenformen ist in Relief das aus Wolken vortretende Brustbild des Apostels Paulus angebracht. In der Rechten hält er das Schwert, in der Linken ein vielfach gewundenes Spruchband mit der theilweise zerstörten Legende:

Å · DN̄I M · CCCCLXXXV
28 · SEP

Zur Seite ein mit Querbalken getheilter Schild. Die Jahreszahl gibt unzweifelhaft die Bauzeit dieser spätgothischen Zubauten an; mit ihr stimmen die Architekturformen vollkommen zusammen. Das Wappen dürfte wohl auf den damaligen Propst des Stifts Theodorich Rammung (1470—1488) zu deuten sein.

Diese wenigen Reste spätmittelalterlicher Bauthätigkeit beweisen übrigens, daß das Stift in jener Zeit, wo die Stadt selbst sich der reichsten Blüthe erfreute und ein angeregtes geistiges Leben um den hochsinnigen Bischof Johannes von Dalberg, den Stolz seiner Zeitgenossen, sich entfaltete, auf Erweiterung und Verschönerung seiner Gebäude bedacht war. Was sonst jene Zeit zur Ausstattung der ehrwürdigen Anlage, zu deren Schmuck und zum Gedächtniß der Verstorbenen geschaffen hatte, entzieht sich leider jeder Kenntniß. Sicher hatte das vielgestaltige Vermögen des ausgehenden Mittelalters und die reizvoll an das Alterthum anknüpfende Kunst des 16. und 17. Jahrhunderts sich an dieser Stätte in zahlreichen Denkmälern aller Art verewigt. Sie sind dahin, und selbst jede Erinnerung ist verweht.

Eine breite Kluft, furchtbare Ereignisse liegen zwischen den letzten Spuren von Bauthätigkeit und der Erneuerung der Kirche im Anfang des 18. Jahrhunderts.

Das Stift hatte sich indeß nach nicht ganz zwei Jahrzehnten so weit erholt, daß es im Jahre 1707 zum Umbau des Schiffes und zur vollständigen Herstellung der Kirche sammt den Stiftsgebäuden schreiten konnte. Im Jahre 1704 hatte dasselbe bereits seine seelsorglichen Pflichten bei der Pfarrei wieder aufgenommen.

Die alte, dreischiffige Anlage des Schiffes wurde, soweit sie überhaupt noch vorhanden, gänzlich beseitigt. Noch liegen die Fundamente des früheren Mittelschiffes im jetzigen Schiff. Die Breite war verhältnißmäßig gering und der Raum des dreigetheilten Schiffbaues beschränkt. Ein luftiger einschiffiger Bau trat an seine Stelle.[16]

Im Aeußeren schmucklos, zeigt er im Innern eine ebenso verständige, als wirkungsvolle Durchbildung. Pilaster theilen die Wandflächen und setzen sich in entsprechenden Gliedern in die aus einem flachen Spiegel und zwei anliegenden Kreisausschnitten gebildete Decke fort. Dadurch ergeben sich drei nebeneinander liegende Bildfelder, welche durch Rahmenwerk, das von Engelsfiguren getragen wird, untertheilt sind. Am Choreingang baut sich eine mächtige Säulenarchitektur auf, zu deren Seiten die Apostelfürsten Petrus und Paulus stehen. Eine bewegte, von Engeln gehaltene Drapirung mit der Figur Gottvaters schließt den Chorbogen. Niedliche Thürarchitektur umrahmt die seitlichen Eingänge.

Im Chor wurden Gurten und Rippen der Gewölbe beseitigt, ob blos aus dem Grund, um Stuckverzierungen bequemer hier anbringen zu können, oder weil wahrscheinlich die Hausteintheile durch Brandschaden schwer beschädigt waren, mag dahin gestellt bleiben. Der Hochaltar war dicht hinter dem Choreingang erbaut und der Chorraum selbst ausschließlich für den Chordienst der Stiftsherren eingerichtet.

Im Westen wurde zwischen die Stiegenthürme eine auf niederen Pilastern ruhende und von weit ausladenden Konsolen unterstützte Empore für die Orgel eingebaut. Die dem Bau der Orgel schon im Grundriß verständnißvoll angepaßte Bühne zieht sich über die ganze Breite des Schiffes. Die Orgel selbst verdeckte zwar ehedem wohl ganz den Durchblick nach der Vorhalle; allein diese selbst wurde doch nicht baulich beeinträchtigt.

Wer den Plan zu diesen baulichen Veränderungen entworfen und den Bau geleitet hat, ist nicht näher bekannt. Die Leistung hat zwar nicht den Anspruch, unter die hervorragenden der Zeit gerechnet zu werden; allein es spricht sich darin verständiger Sinn und Fähigkeit in der Durchbildung aller Einzelheiten aus; dabei war die Wirkung des Ganzen, wenn auch nicht prächtig, doch immerhin stattlich; endlich schlossen sich die neuen Arbeiten den alten

Architekturtheilen in einer Weise an, daß man eben bei aller Verschiedenheit des Stils und der Geschmacksrichtung dennoch das Walten künstlerischer Empfindung wahrnehmen konnte. Wir haben auch hier wieder die Leistung eines anspruchlosen, befähigten Künstlers vor uns, an denen das vorige Jahrhundert noch so reich war. Der Schwerpunkt der ganzen Ausstattung wurde übrigens in die Bemalung der Decke gelegt. Um das große Mittelbild, die Bekehrung des heil. Paulus, ordnen sich acht Felder mit Darstellungen aus seinem Leben und seinem Martyrium. Am Ostende des Schiffes im Mittelfeld ist die Erweckung des Jünglings Eutychus, der bei der Predigt des Apostels zum Fenster herausgestürzt war (Apostelgesch. cp. 20. V. 9 ff.); auf der Nordseite schließt sich an die Heilung des Lahmen zu Lystra (Apgesch. 14, 7 ff.); dann folgt die Predigt des Apostels vor dem Areopag zu Athen (Apgesch. 17, 22 ff.); weiter Paulus die Mitreisenden im Sturm beruhigend (Apgesch. 27, 24). Auf der Südseite dem Chor zunächst ist der Vorgang dargestellt, wie Paulus und Barnabas zu Ikonium der Gefahr der Steinigung entgehen (Apgesch. 14, 5 ff.); daran reiht sich das Auftreten des Apostels vor dem Prokonsul Sergius Paulus (Apgesch. 13, 6 ff.); ferner wie Paulus auf Malta vom Biß der Viper verschont bleibt (Apgesch. 28, 3 ff.). Den Abschluß bildet das Mittelbild vor der Orgelbühne, die Enthauptung des heil. Paulus, wobei nach der Legende drei Quellen dem Boden entspringen. In dem Feld über der Orgel selbst ist ein Chor musicirender Engel dargestellt.

Die Deckenbilder wurden in eigentlicher Fresko-Manier ausgeführt und sind im Ganzen wohl erhalten. Bei der Reinigung zeigte sich an der Größe der jedesmal zum Bemalen angesetzten Flächen, mit welcher Fertigkeit der ausführende Künstler den Pinsel führte, und wie sehr er die Malweise beherrschte. Etwas von ihrer Wirkung haben gerade die dunkleren Farbentöne verloren, während die lichten Töne weit besser dem Einfluß der Zeit widerstanden haben. Vielleicht waren die tieferen Töne nachträglich noch übermalt worden; die temperirenden Farben mochten auf dem einmal trocknen Grunde sich weniger haltbar erweisen.

In der Gesammthaltung folgen die Deckengemälde der Richtung, welche einestheils von den Niederländern, anderntheils von den italienischen Manieristen beeinflußt ist: die Sucht nach großer Wirkung verleitete zu Uebertreibungen in den Körperverhältnissen und deren Einzelheiten, zu gewaltsamen Bewegungen und unbegründeter Schaustellung. Immerhin war jene Zeit noch im Besitz großer Mittel und verwandte sie in erfolgreicher Weise. So auch in diesem Fall. Dir Wirkung der Farbe ist dem entsprechend mannigfaltig, ohne der Buntheit zu verfallen; die Stimmung ist leuchtend und heiter, so daß der ganze Raum unter deren Eindruck stehend einen festlichen, weiten Anblick gewährt.

Die Nachrichten über den Bau und die Vollendung der Kirche beschränken sich auf knappe Angaben, welche zunächst in zwei Inschriften zu Seiten des Choreinganges sich finden. Sie lauten:

auf der Nordseite:	auf der Südseite:
D. O. M.	AEDES SACRAE
D. PAVL. AP̄.	ERIGI COEPTAE
DEDICATAE	ANNO CHR
ANNO CHRI	M
M	DCC
DCC	VII
XVII	PERFECTAE
DIE VII NOV.	ANNO
A	M
REV̄MO DD.	DCC
IO͞E. BAPT	XVI
EP. TRAPEZ.	MEDIIS
ET	ET
ECCL. HVIATIS	STVDIO
DECANO	CAPITVLI

Zwei weitere Inschriften in den Füllungen über den Thüren am Westende des Schiffes in Verbindung mit Darstellungen des Phönix beziehen sich gleichfalls auf die Zerstörung und die Wiederherstellung der Kirche; über dem südlichen Aufgang heißt es:

PER FLAMMAS MORIOR
1689

über dem nördlichen:

VENVSTA ORIOR
1716.

Nach einem Zeitraum von neun Jahren war demnach die Kirche 1716 vollendet und wurde im folgenden Jahr durch den genannten Weihbischof Johannes Bapt. von Goegg feierlich geweiht. Damit dürfen sicher auch alle Arbeiten zur inneren Herstellung als abgeschlossen betrachtet werden.

Nebst der Ausstattung der Decke des Mittelschiffes kam übrigens auch noch die Ausmalung der westlichen Vorhalle mit der Kuppel damals zu Stande. Die Hochwände der

Halle zeigen auf der Nordseite den König David mit der Harfe in einer reichen Architektur, auf der Südseite die allegorische Figur der kirchlichen Musik mit der Tuba, indeß ein Engel dazu singt und taktirt; auch hier sind große Architekturmotive in die Darstellung hereingezogen. In den Zwickeln der Kuppel selbst sind die vier Evangelisten gemalt, auf den Flächen allegorische Grisaillen. Die Bilder haben stark gelitten und zeigen überhaupt eine abweichende Behandlung gegenüber jenen des Schiffes; sie scheinen weniger klar in der Farbe gewesen zu sein und lassen eher auf eine trübe, schwächliche Haltung rathen.

Die Deckenbilder sammt den letzterwähnten werden insgesammt auf den Namen von Seekatz ohne weiteren Nachweis zurückgeführt.[17] Nun zählen wir nicht weniger als vier Maler dieses Namens, und es fragt sich darum, welche überhaupt hier in Frage kommen können. Ausgeschlossen ist zum Voraus der bedeutendste Träger dieses Namens Johann Konrad Seekatz, da er erst 1719 zu Grünstadt in der Pfalz geboren ward, während die Kirche bereits drei Jahre früher vollendet war; ebenso ein jüngerer Bruder E. Karl, der als Blumenmaler Namen hat. Der ältere Bruder dagegen, Martin Seekatz arbeitete in Worms und war sowohl als Portrait- wie als Genre-Maler, als auch im historischen Fach geschätzt. Unter seiner Leitung bildete sich Johann Konrad Seekatz heran; er darf darum wohl als tüchtiger Kolorist angesehen werden, als welcher der jüngere Bruder allzeit sich namentlich hervorthat. Von dem Vater Johann Martin Seekatz erfahren wir, daß er als Kirchenmaler, auch in Fresko-Manier mehrfach thätig war. Die Ausmalung der Dreifaltigkeitskirche in Worms ist sein Werk. Eine Inschrift auf dem bekannten Bilde, Luther vor dem Reichstag an der Westwand besagt:

VON JOHANN MARTIN SEEKATZ GEMALT 1733.

Auf derselben Tafel auf einem Pfeiler im Vordergrund links vom Beschauer aufgemalt ist, heißt es weiter:

1817 VON PHILIPP CHRIST. SEEKATZ
VON DARMSTADT [NEU] GEMALT

Die Erbauung der Kirche wird gewöhnlich in's Jahr 1725 versetzt; bis zu ihrer Vollendung vergingen somit zwanzig Jahre. In den zahlreichen biblischen Bildern, womit die mächtige, nach Art von Kreuzgewölben untertheilte Decke ausgestattet ist,[18] ist nun keineswegs derselbe Künstler wieder zu erkennen, welcher die Bilder im Schiff von St. Paul ausgeführt hat. Dort herrscht eine unentschiedene Vielheit von Farben von gelblich rother Stimmung; eine sehr handwerksmäßige Zeichnung und mangelhafte Durchbildung gesellen sich dazu und lassen einen alternden Mann erkennen, dessen künstlerisches Vermögen eben recht mittelmäßig war. Ganz anders in St. Paul, wo ein energischer Sinn, reiche Palette und virtuose Mache auf den ersten Blick wohlthätig überraschen. In den Malereien der Vorhalle dagegen wäre durchaus wahrscheinlich die Hand des Meisters der Dreifaltigkeitskirche, des Vaters Johann Martin Seekatz wieder zu erkennen. Sie sind jedoch größer gegriffen und besser durchgebildet, als die zwanzig Jahre später entstandenen Deckenbilder der erwähnten Kirche, was auf Rechnung der rüstigeren Kraft des Genannten zu setzen wäre. Wie die Dinge liegen, wäre es somit wohl zulässig, als den Künstler der Deckenbilder im Schiff von St. Paul den älteren der Söhne, Martin Seekatz, der um 1765 starb, anzusehen. Ein vollständiger Beweis ist ohne sichere Belege zunächst nicht zu erbringen. Immerhin mag die Vermuthung ausgesprochen werden, da sie möglicher Weise zur Ergänzung oder Berichtigung der Annahme führt.

So stand die Kirche und das Stift, bis die französische Revolution in den vielhundertjährigen Rechtsbestand und in den gemessenen Gang der alten Lebensgewohnheiten plötzlich und schonungslos eingriff. Durch Dekret des französischen Konsuln vom 9. Juni 1802 wurden alle Klöster und Stifter aufgehoben und sämmtliches Kirchenvermögen vom Staate eingezogen. An die Mittheilung dieser Maßregel knüpfte sich die sofortige Beschlagnahme alles beweglichen und unbeweglichen Vermögens; den diesseits Gebornen wurde eine lebenslängliche Rente von 500 Franken, den jenseitig Gebornen nur ein Reisegeld von 150 Franken angewiesen. Das Kapitel von St. Paul bestand damals nur aus fünf Mitgliedern. Gegen Schluß des Jahres 1802 hatten drei der Stiftsherren noch ihren Aufenthalt in der Stadt Worms; sie lebten im Bezirk der Pfarrei St. Paul. Es war der ehemalige Kustos Emerich Haußmann, damals 67 Jahre, der frühere Cantor des Stiftes Philipp Wallreuter, 51 Jahre; der einstige Kanonikus Jakob Staffen, geb. 27. Januar 1763 zu Lorch am Rhein versah freiwillig seit 1799 die Pfarrei. Er hatte in Mainz seine klassische und theologische Vorbildung erhalten, bekleidete bis zur Aufhebung 9 Jahre ein Kanonikat bei St. Paul und 17 Jahre eine Professur am fürstbischöflichen Gymnasium zu Worms.

In Folge der Neuordnung der kirchlichen Verhältnisse unter Napoleon I. wurde die alte Ruperts-Pfarrei bei St. Paul zwar unterdrückt, die beiden Kirchen aber wurden der Pfarrfabrik von St. Martin überwiesen. Zunächst wurde noch ohne eigentliche Verpflichtung alle Sonn- und Feiertage von den Wormser Seelsorgsgeistlichen das Hochamt zu St. Paul gehalten, »worin deutsche Lieder, wie zu St. Ignaz zu Mainz gesungen« wurden. Im Jahre 1803 geschahen von Seiten der Katholiken zu Worms Schritte beim Bischof Colmar zu Mainz, welche dieser beim Präfekten Jean Bon St. André befürwortete, um die Paulus-Kirche tauschweise gegen jene von St. Martin zu erhalten, welche angeblich dem Verfall entgegen ging. Jene befand sich noch im besten Zustand und hatte von allen katholischen Kirchen der Stadt ihre Glocken gerettet. Dem gestellten Ansuchen ward jedoch nicht entsprochen, und im Jahre 1806 ist die Kirche militärisches Heumagazin. Das Eigenthum an der Kirche ward indeß später für die St. Martinspfarrei erlangt. War sie auch nicht herrenlos, so gestaltete sich ihr Geschick doch so, daß sie nach und nach aller Ausstattung entkleidet und schließlich fast zur Ruine wurde. In der Folge war sie Tabaks-, dann Holzlager. Der Zustand verschlimmerte sich von Jahr zu Jahr. Die Sakristei ward abgebrochen, der Bodenbelag in der Kirche herausgenommen, und die Verglasung fehlte schließlich ganz. Was unter diesen Umständen aus dem ehrwürdigen Baudenkmal werden sollte, war nicht abzusehen. Der Plan des Bischofs von Mainz, Freiherrn von Ketteler, bei der Kirche eine geistliche Erziehungsanstalt einzurichten, erwies sich als unausführbar.

✣ ✣

So lagen die Dinge als im Vorjahre gelegentlich eines Besuches L. Gedon aus München den Gedanken einer Herstellung der Kirche bei seinem Gastfreunde, Herrn Max Heyl, anregte. Das Wort des trefflichen Künstlers, der selbst aus der Werthschätzung des Alten die glücklichsten Eingebungen für seine eigenen Schöpfungen zu ziehen versteht, fand den rechten Boden. Mit seiner gleichgestimmten Gattin Doris, geb. Stein, faßte Herr Max Heyl den hochherzigen Entschluß, für die Herstellung der Kirche zum Zweck der Errichtung eines Museums einzutreten. Die Gründung des Paulus-Museums war im Plane fertig.

Gleichzeitig reifte im Kreise von Wormser Alterthumsfreunden die Absicht, einen Verein zur Pflege der Lokalgeschichte und Erhaltung der Denkmäler des Alterthums in's Leben zu rufen. Unter Leitung des Bürgermeisters der Stadt, Herrn Heimburg, trat der Alterthums-Verein in Worms alsbald in's Leben, und so vereinigten sich die beiderseitigen Bestrebungen zum gleichen Ziele. Mit rüstigem Eifer ward das Werk begonnen.

Die Kirche wurde unter dem Entgegenkommen seitens der geistlichen Oberbehörde von dem Kirchenvorstande von St. Martin auf 30 Jahre miethweise zu dem beabsichtigten Zwecke überlassen; die nothwendigen baulichen Herstellungen leitete Herr Baurath Heim ein und sollten sich nur auf die Instandsetzung des Gebäudes überhaupt beziehen, damit dasselbe unbeschadet seines kirchlichen Charakters, zur Aufstellung und Bewahrung von Denkmälern dienen könne. Es konnte nicht die Absicht sein, eine vollständige Erneuerung eintreten zu lassen. Einmal wären die Grenzen hier schwer zu ziehen gewesen; anderntheils durfte aber auch der Bau nicht seiner alterthümlichen Erscheinung entkleidet werden. Es wäre an dieser Stätte am Wenigsten angezeigt gewesen, wo die Zeugen des Alterthums oft in schwerer Verstümmelung sollten bewahrt werden. Die Paulus-Kirche sollte vielmehr als das erste und wichtigste im Kreise jener Denkmäler gelten, die vor jeder ferneren Unbild und gewiß vor Modernisirung sollten behütet bleiben.

So mußte namentlich am Portal auf eine weitergehende Herstellung verzichtet werden. Die Vorhalle im Sinne der alten Anlage war nicht wieder zu ersetzen, und es konnte sich unter diesen Umständen nur darum handeln, derselben einen zweckentsprechenden Wetterschutz zu bieten, der in anspruchloser Weise dem Bedürfniß genügt. Das Vordach schließt sich dem noch erhaltenen Profil der einstigen Verdachung der Vorhalle an und greift nirgends in die Architektur ein, sondern setzt auf die gerade zufällig gegebenen Stützpunkte auf. Fehlende Säulenschafte wurden ergänzt, die ausgewitterten oder beschädigten Architekturtheile unberührt gelaſſen. Der Boden ward ſoweit tiefer gelegt, daß die Säulenfüße nebſt der urſprünglichen Thürſchwelle wieder frei wurden.

Im Innern der Kirche ward nach den gewonnenen Anhaltspunkten die Sohle des Schiffes mit jener der Vorhalle übereinſtimmend angenommen und eine neue Plättung gelegt. Im Anſchluß daran mußten die Sockel der Wandpfeiler unter der Emporbühne, gleich denen der Pilaſter des Schiffes unterfangen und an die Sohle angeſchloſſen werden.

Der Aufgang zum Chor wurde durch eine neue Stufenanlage vermittelt, welche ſich vor dem Chorbogen in das Schiff herein erſtreckt. Im Chore ſelbſt erhielten die Seitenwände, welche durch Einbrüche bei Anlage von Grabdenkmälern waren ſchwer beſchädigt worden, entſprechende Herſtellung. Gleichfalls wurden die Gurten und Rippen der Chorwölbung an der Hand der erhaltenen Reſte ergänzt und das Quadermauerwerk von der Tünche gereinigt.

Bezüglich der Wand- und Deckengemälde beſchränkte ſich die Thätigkeit lediglich auf eine vorſichtige Reinigung. Die Malereien der Vorhalle haben zwar ſchwer gelitten; allein es ſchien weder deren Erneuerung, noch die vollſtändige Beſeitigung angezeigt; denn ſelbſt in dem verfallenden Zuſtand iſt immer noch der einſtige Gedanke zu erkennen. Die unbeſtimmten Umriſſe und die verbleichenden Farbentöne wachſen mit dem altersgrauen Hauch, den die Zeit darüber gebreitet hat, zu einer ſtimmungsvollen Unbeſtimmtheit zuſammen, die gerade an dieſer Stelle ihre Berechtigung hat.

Anders verhielt es ſich mit den Deckenbildern des Schiffes. Hier genügte einfach die Beſeitigung von Staub und Schmutz, um die Malereien wieder in früherer Leuchtkraft hervortreten zu laſſen. Kaum wird man ahnen, welche Vernachläſſigung ſeit vielen Jahrzehnten über den Raum gegangen iſt, da er heute den Eindruck macht, wie wenn er wohl behütet und gepflegt auf uns gekommen wäre. Iſt übrigens das erzielt worden, ſo darf die Aufgabe der Herſtellung als befriedigend gelöſt betrachtet werden.

Gleich der ganzen Kirche hat auch das Obergeſchoß des öſtlichen Kreuzgangflügels neue Verglaſung erhalten. In dem Roſenfenſter über dem Eingang, wie im Chore und in den älteren Bautheilen der Kirche, ſowie auch im Oberſtock des Kreuzgangs ſind Butzenſcheiben angewandt. Das Schiff hat einfache Verglaſung mit achteckigen Scheiben erhalten.

Die Herſtellung der Stuckverzierungen der Decke, ſowie der figürlichen Theile am Choreingang ſei zum Schluſſe denn auch noch erwähnt.

Von dieſem Rundgang zurückkehrend, finden wir nunmehr das Portal mit prächtigen Thorflügeln geſchmückt. Nach dem Vorbilde jener herrlichen Gußwerke, die der kunſterfahrene Biſchof Bernward von Hildesheim für ſeine Domkirche einſt anfertigte, ſind ſie von dem ſchaffensfrohen

Künstler entworfen, dessen Anregung das Restaurationswerk zu danken ist. Es hat darin gewissermaßen die Kunst unserer Tage dem Werke der alten Meister den Zoll der Huldigung geleistet. Die alte und die neue Kunst reichen am Portal der Paulus-Kirche in Einklang sich die Hände; sie laden innig verbunden ein, die Stätte zu betreten, welche der Geschichte von Worms, der Bewahrung der Reste von Alterthum und Kunst gewidmet sind.

So möge denn das Werk, das in edler Absicht begonnen, fröhlich blühen und gedeihen.
Von allen Seiten wird das Unternehmen begrüßt; die besten Wünsche kommen seinem erfolgreichen Fortgang entgegen.
Seine Königliche Hoheit der Großherzog Ludwig IV. hat in Huld dem Paulus-Museum seinen erhabenen Schutz zugesichert.
Mit freudiger Zuversicht darf dessen ersprießliche Entwickelung nunmehr erwartet werden.
Mehrfach sind der jungen Schöpfung bereits werthvolle Schenkungen zugewandt worden, und mit Befriedigung wird der Spender seine Gabe in dem stattlichen Kreise von Geschichts- und Kunstdenkmälern wieder erkennen; was vereinzelt nicht unwerth war, gewinnt im Zusammenhang doppelt und dreifach an Bedeutung. Möchten darum die gewiß noch mannigfach zerstreuten Erinnerungen der Wormser Vergangenheit recht bald hier ihre Stelle finden. Nur ein auf die Dauer gegründetes Heim bietet die mögliche Sicherheit, der Stadt das an beweglichen Denkmälern zu erhalten, was ohnehin so geschmälert auf unsere späten Zeiten gekommen ist.
Die Pflege des Unternehmens wird nicht ohne reichen Nutzen bleiben. Die Stätte des Museums soll und wird voraussichtlich der Mittelpunkt aller auf die Geschichte und Denkmäler der Stadt gerichteten Bestrebungen sein. Aus der Kenntniß und Pflege der Spuren der Vergangenheit sprießt aber eine edle Saat: das Interesse für den Boden, auf dem wir stehen, die Verehrung gegen alles, was die Vorzeit groß und bedeutend gemacht hat. Der Sinn aber, welcher an der Größe unserer Voreltern sich erbaut und erhebt, wird für die großen edlen Bestrebungen der eigenen Zeit nicht taub und unempfindlich sein; er wird vielmehr ein gutes Theil dessen in sich aufnehmen, was er verehrend kennen lernte und zum Segen verwerthen. Daß diese Erwartungen sich auch in Worms bewahrheiten mögen, das walte Gott!

In keinem anderen Worte aber fänden die Gesinnungen und Wünsche, welche aus diesem Anlaß der ehrwürdigen Stadt und ihren Bewohnern dargebracht werden möchten, ihren vollen Ausdruck, als in dem alten Ehrenspruch:

DIGNA BONA LAVDE
SEMPER WORMATIA GAVDE.

Mainz, am 4. Oktober 1881.

Anlagen

Anlage 1.

Die Pfarrei St. Rupert
bei der Paulus-Kirche.

Dem Paulus-Stift war bereits von seinem Gründer Bischof Burkard die Pfarrkirche St. Rupertus, in deren Bezirk das Stift selbst lag, sammt allen Rechten und Obliegenheiten überwiesen worden. Im Jahre 1084 fand eine neue Festsetzung des Pfarrsprengels durch Bischof Adalbert statt, wobei die Grenzen folgendermaßen angegeben werden: von der Martinspforte hinab bis zur Judenpforte oder auch bis zum Frizenspeier und hinauf gegen den Rhein zu bis zur Brotpforte und von da hinauf durch die Brotgasse bis zum Hause des Ebo und dann über den mitten Markt bis zu der Martinspforte zurück. Zur Aufbesserung der Einkünfte des Stiftes wurden die Erträgnisse der Pfarrei diesem an Stelle des Custos, der die Pfarrrechte bis dahin ausübte, zugesprochen. So blieb die Pfarrei zum heil. Rupertus mit dem Stift bis zum Beginn dieses Jahrhunderts vereinigt. Die Baulast oblag dem Magistrat der Stadt. Da dieser aber zuletzt die Kirche nicht so baute, wie das Stift verlangte, so blieb der Bau unvollendet stehen, ohne daß Gottesdienst darin gehalten wurde. Indessen ließ es das Stift geschehen, daß sie in der Folge vom Magistrat verschlossen und vermiethet ward. Die Vermuthung, daß von Seiten der Stadt weitere Ansprüche darauf geltend gemacht würden, scheint sich nicht gerade bald bestätigt zu haben; denn erst 1843 ward die alte Ruperts-Kirche auf Abbruch versteigert und verschwand vom Erdboden. Die Pfarrei selbst zählte nach Aufhebung des Stiftes gegen Ende des Jahres 1802 an Pfarrangehörigen 138 männliche und 174 weibliche, im Ganzen 312 Seelen.

Im Archiv des Domes zu Mainz hat sich ein Taufregister der Pfarrei erhalten (Papierhandschr. in fol. Nr. 54 Ecclesiae Collegiatae S. Pauli Wormatiae Parochia ad S. Rupertum Incipit ab Anno 1643), das in mancher Beziehung interessante Aufschlüsse enthält. Der erste Eintrag ist vom 9. April 1643; die Einträge laufen bis zum Jahre 1689 und zwar bis zum 23. März dieses Jahres. Sie brechen dann ab und beginnen mit dem Jahre 1704 auf's Neue; indeß finden sich nunmehr vereinzelte Einträge von dieser Zeit, da der beschränkte Raum augenscheinlich die Anlage eines neuen Bandes forderte.

Der damalige Stiftspfarrer C. D. Royer bemerkt in einem Eintrag, daß er dieses Taufregister von den Dominikanern, durch deren Prokurator Pater Schaf am 17. Oktober 1704 erhalten habe; die Täuflinge vom Jahre 1689 bis zum 19. [Oktober?] des vorgenannten Jahres seien während der Kriegszeiten in den Verzeichnissen der Kirchen St. Johann beim Dom oder St. Martin eingetragen worden.

Er fügt dieser Notiz folgende, bezeichnenden Verse hinzu:

> Felices pueri fortunaeque puellae:
> Quos subito tempus mors rapit ante suum.

die man etwa so wiedergeben kann:

> Glücklich die Knäblein und glücklich die Mädchen auch,
> Die früh schon der Tod ihrem Schicksal entreißt.

Leider finden sich nicht, wie sonst so häufig, gelegentliche Bemerkungen zur Zeitgeschichte. Immerhin bietet die Durchsicht eines solchen Verzeichnisses ein merkwürdiges Spiegelbild der Verhältnisse. Von hervorragenden Namen findet sich nur der Eintrag einer Tochter Maria Katharina des Edlen Herrn zu Eltz und seiner Gemahlin Anna Elisabeth von Geispitzheim am 21. Januar 1672, ferner zwei Einträge der Familie des Joh. Jac. von Obercamp und seiner Gattin Mar. Sab. Barb. Leypold aus den Jahren 1676 und 1681. Im Jahre 1650 treffen wir den französischen Unterbefehlshaber zu Worms de la Marche, 1648 einen Lieutenant der Dänischen, eine Reihe französischer Militärs und auch in Worms bürgerlich angesessener Soldaten.

Nach einer gelegentlichen Anmerkung versahen bis zum 9. November 1649 die Dominikaner die Pfarrei; von da übernahmen die Karmeliten die Seelsorge, zuerst der Prior derselben P. Aegidius Weis zwischen 1650—51; ihm folgte 1652 der Karmelite Gabriel Hambach. 1653 erscheint der Stiftsdechant Theodor Zorn, Doctor der Theologie, als Vertreter des Pfarramtes. In demselben Jahre traten die Dominikaner wieder in die Seelsorge ein; zuerst Rudolph Wiffelinck. Für die folgenden Jahre fehlt die Angabe der Seelsorger. Erst 1668 nennt sich der Dominikaner Heinrich Creutz und bleibt bis zum Jahre 1675 im Amt. 1676—77 folgt Nikolaus Salzig, 1678 Anton Faber, der bis zum Jahre 1682 in der Pfarrei wirkt. 1687 versieht die Stelle der Dominikaner-Subprior Johannes Stub; 1688 ersetzt ihn Vincenz Thilhofer desselben Ordens, der bis zu den verhängnißvollen Tagen des Jahres 1689 die Pfarrei verwaltet. Die letzte Taufe vor der Schreckenszeit ist unterm 9. April eingetragen.

Während der zeitweiligen Zerstreuung des Kapitels scheint eine geordnete Seelsorge in der Pfarrei nicht stattgefunden zu haben. Die vereinzelten Einträge der zusammengeschmolzenen Bevölkerung erfolgten wahrscheinlich nach der örtlichen Bedingniß theils in der Dompfarrei, theils bei St. Martin. Welche Schwierigkeiten und Verwirrungen in der Folge daraus entstanden, läßt sich leicht ermessen. So wurde u. a. im Jahre 1704 durch nachträgliche eidliche Erklärung die etwa im März 1680 in St. Paul vollzogene Taufe eines Joh. Casp. Rothraner erwiesen und eingetragen.

Mit wie viel Eifer und mit welchem Erfolg übrigens die Einrichtung einer geregelten Seelsorge in der Pfarrei um den Anfang des 18. Jahrhunderts gepflegt wurde, geht aus der merkwürdigen Uebersicht der in der Pfarrei Eingesessenen hervor, womit der Nachweis verbunden ist, in wie weit sie ihren kirchlichen Pflichten nachkommen. Es möge das für die Familiengeschichte von Worms, wie für die Sittengeschichte überhaupt denkwürdige Aktenstück, welches gleichfalls im Archiv des Domes zu Mainz bewahrt wird, hier darum seine Stelle finden.

Die Uebersicht gibt eine Zusammenstellung aller katholischen Hausvorstände mit ihren Angehörigen und Dienstboten und verbindet damit die Angabe über den Empfang der Communion und die Beichten; daneben ist die Zahl der Kinder bemerkt. Zuerst erscheinen die geistlichen Häuser mit ihren Insassen, dabei die Familien der Stiftsbediensteten. Die weitere Aufzählung geschieht straßenweise. Danach lassen sich die Grenzen der Pfarrei genau nachweisen und mit den oben erwähnten Pfarrgrenzen aus dem 11. Jahrhundert vergleichen.

Die Zahl der Hausvorstände betrug 101; die Gesammtzahl der Pfarreingesessenen 342; die Zahl der Kinder 68, der Stiftsherren 4. Die Zusammenstellung legt einen Beweis für die wohlgeordneten seelsorglichen Verhältnisse, wie für die rege Betheiligung der Gemeinde am kirchlichen Leben ab: Beobachtungen, welche sich in jener Zeit in ähnlicher Weise vielfach ergeben dürften. Erst die Stürme der Revolution am Ende des Jahrhunderts störten auf's Neue das einfache, von mäßigem Wohlstand getragene Leben des Bürgerstandes in unseren mittelrheinischen Städten.

Verzeichniß der Pfarrkinder zu St. Paulum zu Worms, deren die communiciret haben und gebeicht, und auch unmündigen Kinder, wie befunden worden im Jahre 1726.

	Comm.	Conf.	Infant.
Bei ihro hochw. Gnaden Herrn Suffraganeo die Jungfer Haushälterin, die Magd, zwei Diener und der Choralis	5	—	—
Bei Herrn Custos Gauthier zwei Jungfern mit der Magd . .	3	—	—
Bei Herrn Canonico Modre die Köchin und Magd, item ein Steinmetz mit der Frau, item ein Bub aus Tyrol Conf.	4	1	—
Bei Herrn Canonico Römer die Haushälterin und Magd . . .	2	—	—
Bei dem Stiftsamtmann Bingelius, die Frau, Sohn, item ein Student und Magd	5	—	—
Im selbigen Haus Herr Haag Scribent	1	—	—
Stiftsorganist Schütz, die Frau, drei Kinder, von welchen zwei gebeichtet, item Catharina Resin	3	2	1
Ludimagister Schwindt, die Frau, drei Töchter und zwei kleine Kinder	5	—	2
Stiftsglöckner, die Frau, Sohn, Magd, Präceptor, Maler, item noch ein Bub und zwei Töchter, von welchen eine gebeichtet .	7	1	1
Item im selbigen Haus Franz Joseph Wiesmeyer, seine Frau und ein Kind	2	—	1
Item im selben Haus Johannes Lochmeyer, seine Frau und ein Kind	2	—	1
Neben dem Schulmeister Johannes Klaffet, seine Frau mit zwei Handwerksferls	4	—	—
Summa .	43	4	6

	Comm.	Conf.	infant.
Uebertrag	43	4	6
Neben dem Obermüller Johannes Wallhäuser, seine Frau, Sohn und ein Handwerksherl	4	—	—
Item im Nebenhaus Anna Maria Messerin mit ihrer Base Marie Cath.	2	—	—
Todtengräber, seine Frau, zwei Töchter und eine lahme Frau	5	—	—
Obermüller Michael Hertzog, seine Frau, zwei Söhne, ein Student, Knecht, Magd und drei Töchter, von welchen eine gebeichtet	7	1	2
Mittelmühl Franciscus Mey und die Magd Barbara Braunin	2	—	—
Celnersmühl Johannes Siegelstiell	1	—	—
Neumühl Johannes Georgius Pflaum, seine Frau, Magd und zwei Kinder	3	—	2
Herr Rosener, seine Frau, ein Sohn und Magd	4	—	—
Herr Falck, zwei Töchter, Vetter und Köchin	5	—	—
Johannes Heinrich Berthold, seine Frau, Sohn, Tochter, fünf Gesellen, Magd, zwei Kinder und ein Bäschen	10	3	—
Helene Guckheberin	1	—	—
Martinus Raw	1	—	—
Michael Meyer und Magdalena, Eheleute und drei Kinder	2	—	3
In Glasers Haus die Wittwe, zwei Gesellen, fünf Kinder	3	1	4
Frau von Pfeiffer, die Fräulein und eine Magd	3	—	—
Zwerchgasse			
Anna Maria Barbara, Wittwe	1	—	—
Im selben Haus Conrad Werner und Margaretha, Eheleute	2	—	—
Item Marcus Kreubner und Maria, Eheleute, eine Tochter und Sohn	2	1	1
Item Margaretha Schmittin, Wittwe und ihre Tochter Maria Barbara	2	—	—
Anna Filsen Famula apud lanion. acath.	1	—	—
Summa	104	10	18

	Comm.	Conf.	infant.
Uebertrag	104	10	18
Petrus Ernestus Kiser, seine Frau, ein Geselle und ein Kind	3	—	1
Johannes Georgius Bielhäuser, seine Frau und Sohn Johann Wendelin	3	—	—
Hahnengasse			
Balthasar Scholl Scribent, Anna Weißmüllerin, Eheleute	2	—	—
Johannes Newmann, Anna Maria Kittlerin, Eheleute und ein Kind	2	—	1
Herr Amtmann Kirschbaum, seine Hausfrau, ein Scribent, zwei Mägde, vier Kinder	5	1	3
Im Riesen und Neben-Bezirk			
Frau Wanners	1	—	—
Sebastian Klemmer mit vier Söhnen	1	—	4
Agnes Fordin, Wittwe, mit ihrer Tochter Johanna . .	2	—	—
Petrus Dreher, seine Frau, drei Kinder, NB. puella 12 non confess.	2	—	2
Maria Barbara Schinckin mit ihrer Tochter . . .	2	—	—
Simon Kohl NB. die Kinder alle lutherisch	1	—	—
Matthias Gerrisch, seine Frau Juliane, ein Schneidergeselle und ein Kind	3	—	1
Johannes Petrus Lohrentz	1	—	—
Fischer-Markt			
Johannes Balthasar Wittman mit seiner Frau . . .	2	—	—
Simon Klatzer mit seiner Frau und ein Kind . . .	2	—	1
Johannes Jacob Gagel mit seiner Frau, ein Knecht, Magd und ein Söhnlein	4	—	1
Margaretha Behmin, Wittwe mit ihrem Sohn Johannes und Tochter Anna	3	—	—
Anna Ritterin, Wittwe	1	—	—
Summa .	144	11	32

	Comm.	Conf.	infant.
Uebertrag	144	11	32
Maria Eva Antony NB. omnes proles acatholici	1	—	—
Gertrud Schreiberin mit einem Töchterlein	1	—	1
Antonius Henning mit seiner Frau und ein Kind	2	—	1
Petrus Frantz und seine Frau und ein Kind	2	—	1
Andreas Oesterreicher, seine Frau und zwei Kinder	2	—	2
Vincentius Gerrisch, Wittwer, seine Tochter und drei Gesellen	5	—	—
Auf dem freien Platz			
Laurentius Eichgänger und seine Frau und vier Kinder, ein Comm.	3	—	3
Paulus Stammer, seine Frau und ein Kind	2	—	1
Johannes Schweitzer, seine Frau und drei Kinder NB. filius sedecim annorum non communicavit nec confessus	2	—	2
Maria Magdalena Bayerin und ihr Vetter Matthias Bayer	1	—	1
Johannes Friedericus Heimb, seine Frau und drei Kinder	2	—	3
Nicolaus Graf, seine Frau und zwei Kinder	2	—	2
Maria Elisabeth Hefflinger, Wittwe, mit ihrem Sohn	2	—	—
Frau Amtmännin Brasserin und ihre Magd	2	—	—
Johannes Adam Amian mit Frau und Tochter	3	—	—
Johannes Amian und seine Frau	2	—	—
Jacob Groß, seine Frau, ein Kind, item ein Waisenkind, Conf.	2	1	1
Rheingasse			
Johannes Georgius Hillhover, seine Frau und eine Tochter	3	—	—
Maria Elisabeth Freudenthalin, zwei Söhne und eine Tochter, Conf.	3	1	—
Johannes Georgius Löcher	1	—	—
Bartholomäus Schüler, seine Frau, Sohn und eine Tochter, welche 12, noch nicht gebeichtet	3	—	—
Maria Anna, vor etlichen Jahren getauft, mit zwei Kindern	1	1	1
Summa	191	14	51

	Comm.	Conf.	infant.
Uebertrag	191	14	51
Regina Königin, Wittwe	1	—	—
Anna Catharina Mohrin	1	—	—
Jacobus de Campreh, seine Frau und Tochter	3	—	—
Catharina Kohlerin Tertiaria	1	—	—
Matthias Felten, seine Frau und ein Söhnchen	2	—	1
Johannes Schönhoff mit sechs Kindern, eins gebeichtet	1	1	5
Anna Margaretha Schmitthauerin, Wittwe, und Johannes Matthias, ihr Sohn	2	—	—
Jacob Doel, seine Frau und ein Kind	2	—	1
Johannes Werner, seine Frau und vier Kinder	3	—	1
Hinter der Judengasse			
Johannes Petrus Ermantraut mit seiner Frau	2	—	—
Anna Elisabeth Beckerin	1	—	—
Andreas Wickel, seine Frau und ein Kind	2	—	1
Anna Margaretha Sommerin	1	—	—
Philippus Ufer und seine Frau	2	—	—
Frau, Herr und Fräulein von Winckelmann und eine Magd	4	—	—
Kilianus Klaffet und seine Frau	2	—	—
Anna Görnerin mit ihrem Sohn	1	1	—
Fischerweide			
Johanna Kriegsmann mit ihrem Sohn Franz Kämmerer	2	—	—
Maria Franziska Bohlin	1	—	—
Christian Pfeffer mit seiner Frau und zwei Kindern	2	—	2
Maria Salome Gernerin, Wittwe, mit zwei Kindern	1	—	2
Johann Petrus Kehl mit seiner Frau, item Eva Müller Zahnin, Wittwe	3	—	—
Johann Petrus Blumenstock, seine Frau und vier Kinder	3	1	2
Johann Adam Franck und seine Frau und ein Kind	2	—	1
Summa	238	17	67

	Comm.	Conf.	infant.
Uebertrag	238	17	67
Am Mainzer Thor			
Daniel Nauterſche mit zwei Geſellen	3	—	—
Lagerhaus			
Johannes Miſcherah, Wittwer	1	—	—
Anna Maria Baurin, Wittwe, mit einem Sohn und Tochter	2	1	—
Unter-Jägerhaus			
Johannes Bernard und ſeine Frau und Vater Valentin Bernard	3	—	—
Ober-Jägerhaus			
Jacobus Schweyckert mit ſeiner Frau, Sohn, Tochter und einem kleinen Kind	4	—	1
Johannes Adam Strack und ſeine Tochter Anna Margaretha	2	—	—
Summa summarum	253	18	68

Anmerkung. Das Original gibt die Zahl der Beichten abweichend von den Einzelnachweiſen auf 21 an.

Anlage 2.

Die Siegel
des
St. Paulus=Stiftes

Tafel II.

fig. 1. Das älteste vorhandene Siegel des Stifts findet sich an einer Urkunde aus den Jahren 1161—62. Die Umschrift lautet: + PAVLVS·APOSTOLVS· Der Apostel ist auf dem Rundsiegel in etwas mehr als Brustbild dargestellt, zeigt den bärtigen Kopf, jedoch ohne Heiligenschein in der überlieferten Auffassung; in der Linken trägt er die Palme, in der Rechten das Buch. Original im Großherzoglich Hessischen Haus= und Staats=Archiv zu Darmstadt.

fig. 2. Rundsiegel, Bruchstück, von einer Urkunde des Jahres 1213. Kniebild, bärtiger Kopf mit Heiligenschein, Schwert in der Linken, Buch in der Rechten, eng gefältete Gewandung. Umschrift: + PAVLVS·AP[OSTOL]VS· Original gleichfalls im Archiv zu Darmstadt.

fig. 3. Spitzovales Siegel vom Jahre 1241 an vertreten, best erhaltene Abdrücke von 1250 und 1255. Ganze Figur stehend mit Heiligenschein, halb nach ihrer linken Seite gewendet, in der Linken das Schwert, in der Rechten das Buch. Zur Linken des Apostels drei Figuren, Brustbilder in verehrender Haltung, wohl Stifter ober Schutzbefohlene, zu Rechten das Bild der Kirche, wobei die beiden Thürme unverkennbar an die runden Stiegenthürme erinnern, dazwischen ein bethürmter Mittelbau; letzteren auf einen bestimmten Bautheil der Kirche zu beziehen, dürfte allzu gewagt sein. Die Umschrift lautet: + SIGILVM : ECCLIE : SANCTI : PAVLI : APLI : Original im Archiv zu Darmstadt.

Fig. 4. Breiteres Ovalsiegel. Der Apostel in ganzer Figur mit Heiligenschein, Schwert und Buch unter einer im Winkel geschlossenen Architektur, die von Säulen getragen und seitlichen Maßwerk-Fenstern begleitet ist. Die Inschrift heißt: + SIGILL' CAPITVLI SANCTI PAVLI WORMACIENSIS· Original im Archiv zu Darmstadt.

Fig. 5. Rundsiegel. Kniebild des Apostels mit muschelförmigem Heiligenschein, das Buch in der Linken, in der Rechten das Schwert. Auf fliegendem Band die Inschrift: S. CAPLI·ECCLIE·S·P∗AVLI·WORM·AD·CĀS· Um die Mitte des 16. Jahrhunderts. Der in Kupfer geschnittene Siegelstock dem Museum daselbst bei der Eröffnung überwiesen.

Fig. 6. Ovalsiegel. Stehende Bischofsfigur mit Pluviale, Mitra und Stab, ohne Zweifel der heil. Rupertus, dessen Name auch auf der undeutlichen Inschrift am Fuß zu vermuthen; in der Rechten das Bild der Paulus-Kirche von Westen gesehen, in getreuer Wiedergabe. Die Umschrift lautet: SIGILL : PAROCHIALE ∗ ECCLES : COLL : S : PAVLI : WORM : Abdruck auf einer Urkunde des Jahres 1765 im Besitz des Museums.

Anlage 3.

Inschriften
an der
St. Paulus-Kirche.

Außer den bereits im Verlauf mitgetheilten Inschriften finden sich noch mehrere an verschiedenen Stellen des Gebäudes vor. Sie gehören zum Theil einer verhältnißmäßig sehr frühen Zeit an. Folgende sind am Bau selbst eingehauen und zwar wohl gleichzeitig oder sehr bald nach der Vollendung:

an der Westfront:

    links vom Portal in der Mauerfläche: R I.

    links vom Portal am äußersten Strebepfeiler:

        HEINRICH

        BV̊ZELMAH

    am westlichen Strebepfeiler der Nordwestecke: IUDDA, wahrscheinlich Wohlthäter, die vielleicht auch hier bestattet wurden.

Im Innern:

    Vergleiche oben S. 8 Tafel 12

Sodann auf der Stirn der Deckelplatte eines Kapitells in der Ecke beim Zugang zu dem südlichen Oratorium im Obergeschoß gleichzeitig mit dem Bau:

[H?]ABIT[ANTE]S IN EICX̄EA
IER   LIES[EL]H̄E

beschädigt und schwer leserlich; vielleicht auf Stifter und Wohlthäter aus den nahe gelegenen Orten Eich und Leiselheim zu beziehen.

Im Kreuzgang:
Vergleiche oben Seite 11 u. 12 und Tafel 12.
F. WESEL AT HVSĒN.
Husen im Landkapitel Schweigern gehörte zum Wormser Sprengel.

Im Schiff über der südlichen Thür an dem Westende:

VT PHAENIX PARENS PRIMOS REVIVISCIT AD ANNOS
IN MEDIIS FLAMMIS POST PLVRIMA LVSTRA RENASCENS
ATQVE NOVVM VETERI SVRGIT DE CORPORE CORPVS
MDCCVII

was sich etwa folgendermaßen wiedergeben läßt:

Wie der Phönix ersteht zu jungem Leben im Alter
Mitten im flammenden Grab nach vielen Jahrzehnten geboren,
Und ein Körper ihm neu aus alterndem Leibe erwächst —

Offenbar ergänzte den Vordersatz jene Inschrift, welche auf der entsprechenden Thürfüllung der anderen Seite als Nachsatz einst folgte; sie ist leider so zerstört, daß sie nicht zu entziffern war. Nur läßt sich die Jahrzahl MDCCXVI erkennen.

Uebrigens wurde das Bild des Phönix auch sonst auf die Geschichte der Pauluskirche angewandt, wie folgende Stelle aus einem gleichzeitigen Werke: Sacra sedes Wormat. p. 37 beweist: Resurrexit velut alter Phoenix e cineribus et ex ipsis suis ruinis illustris.

Das Grabdenkmal des Weihbischofs Joh. B. von Goegg wurde in neuerer Zeit aus der Pauluskirche nach dem Paradies von St. Martin übertragen; ebenso bei Gelegenheit der jüngsten Bauveränderungen zwei Epitaphien aus dem Chor ebendahin.

Noch sei hier eine Grabschrift verzeichnet, die 1873 in St. Paul sich vorfand:

ANNO 1617 IST DIE WOLEDLE UND DUGENDSAME FRAU AGNESZ LERCHIN VON DIRMSTEIN GEBORNE ZU RODENSTEIN DES WOLEDLEN GESTRENGEN UND VEST CHRISTOFF LERCHEN VON DIRMSTEIN EHELICH HAUSFRAU IHRES ALTERS 49 IAR DEN 23 SEPT GESTORBEN UM 4 UHR DES MORGENS DEREN SEELLEN GOTT DIE EWIGE RUHE VERLEIHEN WOLLE

Belege.

1) Joh. Fried. Böhmer, Fontes Rer. German., Geschichtsquellen Deutschlands. Bd. 2, 26.
2) Hamann's Ansicht aus der Vogelschau, zuerst durch F. Schön in München in gr. fol. 1837 herausgegeben; in verkleinertem Maßstab Böhmer's Fontes, Bd. 2, beigegeben.
3) Zur Geschichte des Stiftes und der Kirche sind zu vergleichen, Schannat, Historia Episcopatus Wormatiensis. I. 121 Sqq. cum probationib. — Ferner, das Collegiatstift zu St. Paul in Worms, in Wagner-Schneider, die vormal. geistl. Stifte im Großherzth. Hessen. Bd. 2. Rheinhessen, 452 ff., wo das urkundliche Material zusammengestellt ist.
4) Zur Baugeschichte vergl. Gg. Moller, Denkmäler der deutschen Baukunst, Darmstadt, fol. I. Lfg. XIV. Grundriß der St. Paulskirche zu Worms Taf. 13, Aufriß der Westseite Taf. 14, Aufriß des Chores Taf. 15, Durchschnitt der Vorhalle Taf. 16, Details Taf. 17; jedoch ohne Erläuterungen.
5) Schnaase, Geschichte der bild. Künste, 2. Aufl., Bd. 5, 268 ff.
6) Otte, Geschichte der deutschen Baukunst, 228 u. 343.
7) J. Hohenreuter, kunstgeschichtl. Darstellung des Domes zu Worms, 1857. 39.
8) F. von Quast, die romanischen Dome des Mittelrheins zu Mainz, Speyer, Worms. Berlin 1853. 52 vergl. 43.
9) Rud. Redtenbacher, Beiträge zur Kenntn. der Architectur des Mittelalters in Deutschland, Frankfurt 1875, folg. Abth. II. Kap. 8. Thürme, Taf. 30, Fig. 5, 6; Taf. 31, Fig. 5, 6, 7. Die Erbauung der merkwürdigen Kuppelschlüsse der beiden Thürme wird von ihm in die erste Hälfte des 12. Jahrh. verlegt. Vergl. dessen Leitfaden z. Stud. d. M. A. Bauk. 1881, 204, 207, 217, 242.
10) Friedr. Schneider, Rhein-Hessens kirchl. Baudenkmale des Mittelalters in Bonner Jahrbb. LXI, 1877, 80 ff, mit Abb. Taf. 6 u. 7.
11) Ueber die Kuppelthürme dieser Art, mit Einschluß jener des Wetzlarer Domes, vergl. Redtenbacher, a. a. O.

12) Französische Beispiele bei Viollet-Le-Duc, Dict. de l'Architecture III, 290.
13) Ueber den angeblichen Bau von 1261, vergl. Schannat u. a. a. O, 121, prob 149; über den Brand ebendas. 374.
14) Friedr. Schneider, die Katharinenkirche zu Oppenheim, 1877, S. 4.
15) Die Bauzeit der Stiftskirche zu Wimpfen im Thal wird verschieden angegeben: Kugler, Gesch. d. Bauk. III, 295, setzt mit Bezug auf F. H. Müller's Beitr. I, 72 das Jahr 1262 an, Schnaase a. a. O. 445 dagegen 1261, indeß Frohnhäuser, Gesch. der Reichsstadt Wimpfen 1877, die Grundsteinlegung im Jahr 1259, XIII. Kal. Maii (19. April) geschehen läßt.
16) Zu dem Neubau des Schiffes ist zwar unverkennbar Material aus dem ältern Bau wieder verwandt worden. Dagegen läßt sich nicht ohne weitere Untersuchungen behaupten, daß die heutigen Außenmauern unmittelbar auf den alten Sargwänden und deren Fundamenten aufsetzten. Wenigstens ist alles was zu Tag liegt, neu aufgemauert.
17) Die Notiz, daß von Seekatz die Ausmalung der Kirche herrühre u. a. bei Hohenreuter a. a. O. 39. Vergl. Nagler. Künstler-Lexikon 16. 200 ff.
18) Der Bilderkreis der Dreifaltigkeits-Kirche, sowie jener der nahe verwandten Katharinen-Kirche zu Frankfurt a. M. und der Trinitatis-Kirche zu Speier in Grundrisse eingetragen in den Beiträgen zur Frankfurter Geschichte, 1881 als Beilage zu dem Aufsatz von Dr. Dechent: Zum 200 jährigen Jubiläum der Katharinenkirche. — Auch die Magnus-Kirche zu Worms hat Deckengemälde aus dem vorigen Jahrhundert. Sie sind jedoch jünger und dürften erst um die Mitte des Jahrhunderts entstanden sein. Im Westen beginnend ist zuerst die Taufe Christi dargestellt, dann die Verklärung, weiter die Auferstehung und endlich die Himmelfahrt. Die Bilder sind flott gemalt und von einer farbenreichen, lichten Stimmung. Sie erinnern in der ganzen Haltung an die älteren Mitarbeiter und Zeitgenossen von Zick, wie Enderle. Bezeichnung oder geschichtliche Nachweise fehlen.

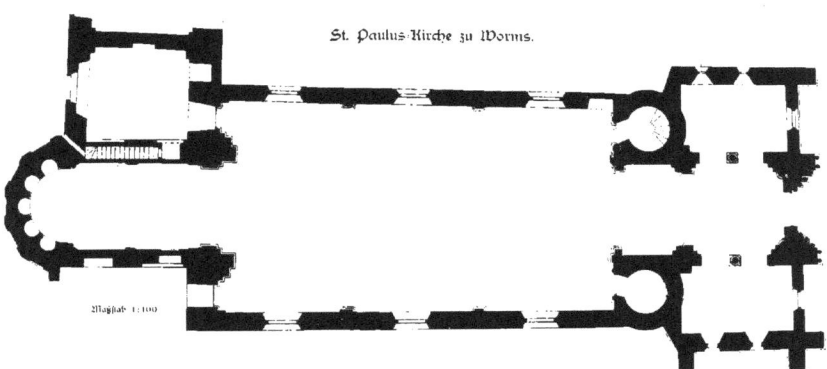

Taf. 2.

St. Paulus-Kirche zu Worms.

Chor und Kreuzgang von NO.

St. Paulus-Kirche zu Worms.

Taf. 3.

Kapitelle vom Ostchor.

Zwischengesims im Ostchor.

St. Paulus-Kirche zu Worms.

Taf. 4.

Ansicht von NW.

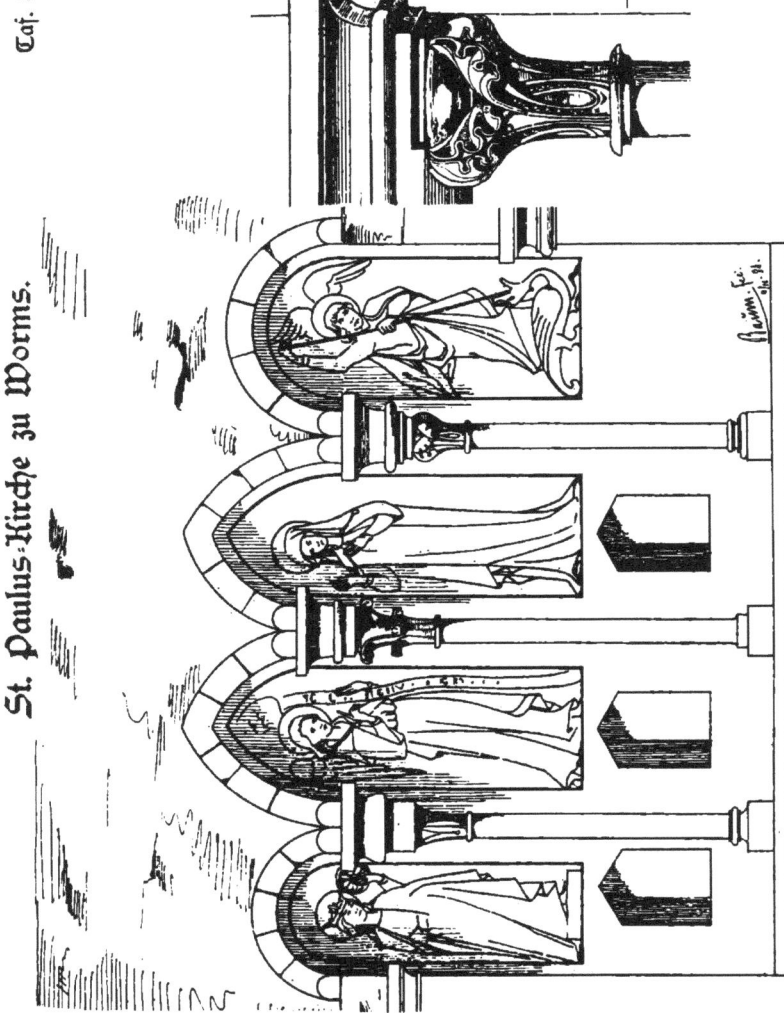

St. Paulus-Kirche zu Worms. — Taf. 5.

Südliches Oratorium.

Taf. 6.

St. Paulus-Kirche zu Worms.

Wandbild an der Nordseite des Chores.

St. Paulus-Kirche zu Worms.

Taf. 7.

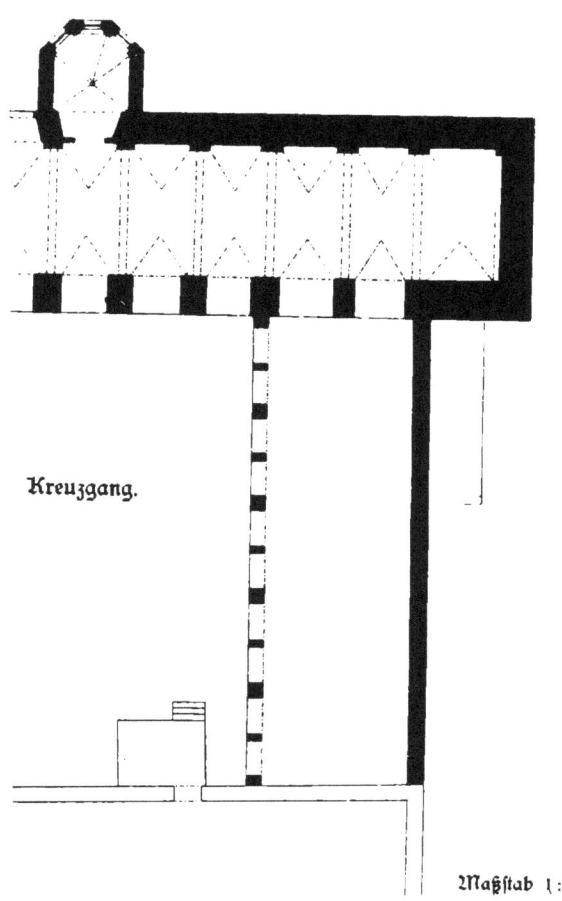

Kreuzgang.

Maßstab 1:100

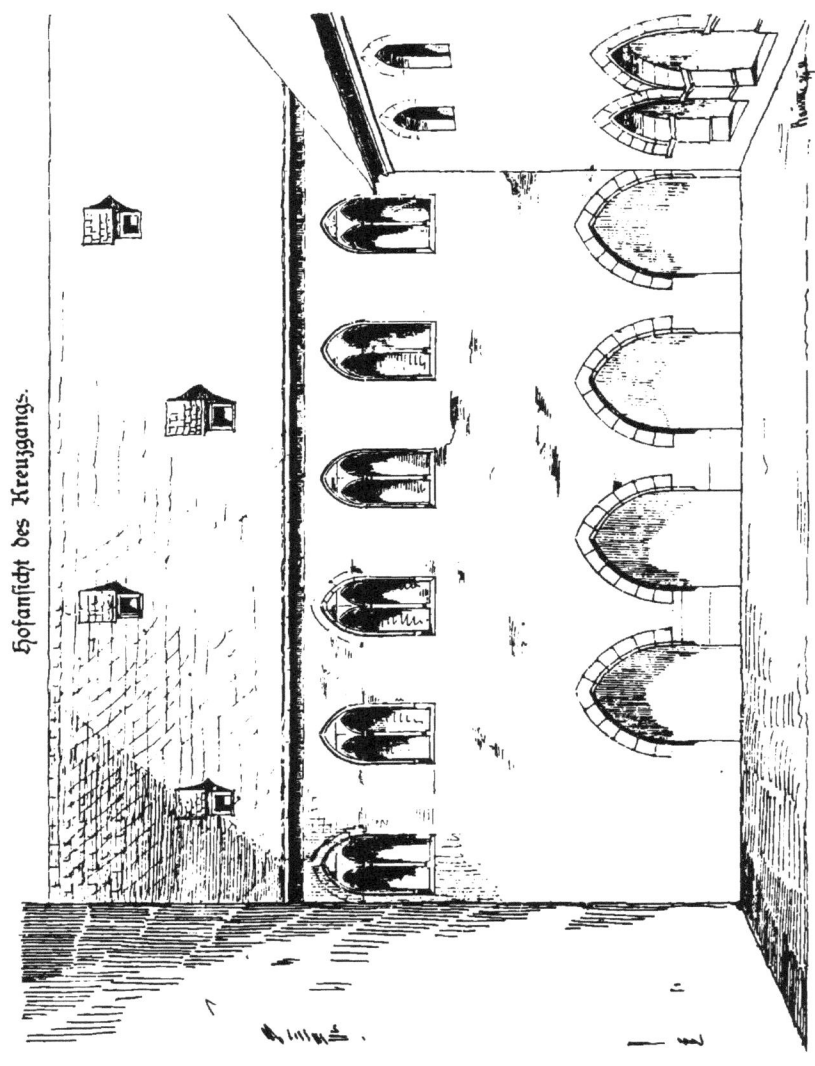

Taf. 8.

St. Paulus-Kirche zu Worms.
Hofansicht des Kreuzgangs.

Taf. 9.

St. Paulus-Kirche zu Worms.

Kapitelle von den Fenstern des Kreuzganges.

St. Paulus-Kirche zu Worms. Taf. 10.

Innenansicht gegen W.

Siegel des St. Paulus-Stifts zu Worms.

St. Paulus-Kirche zu Worms.

Taf. 12.

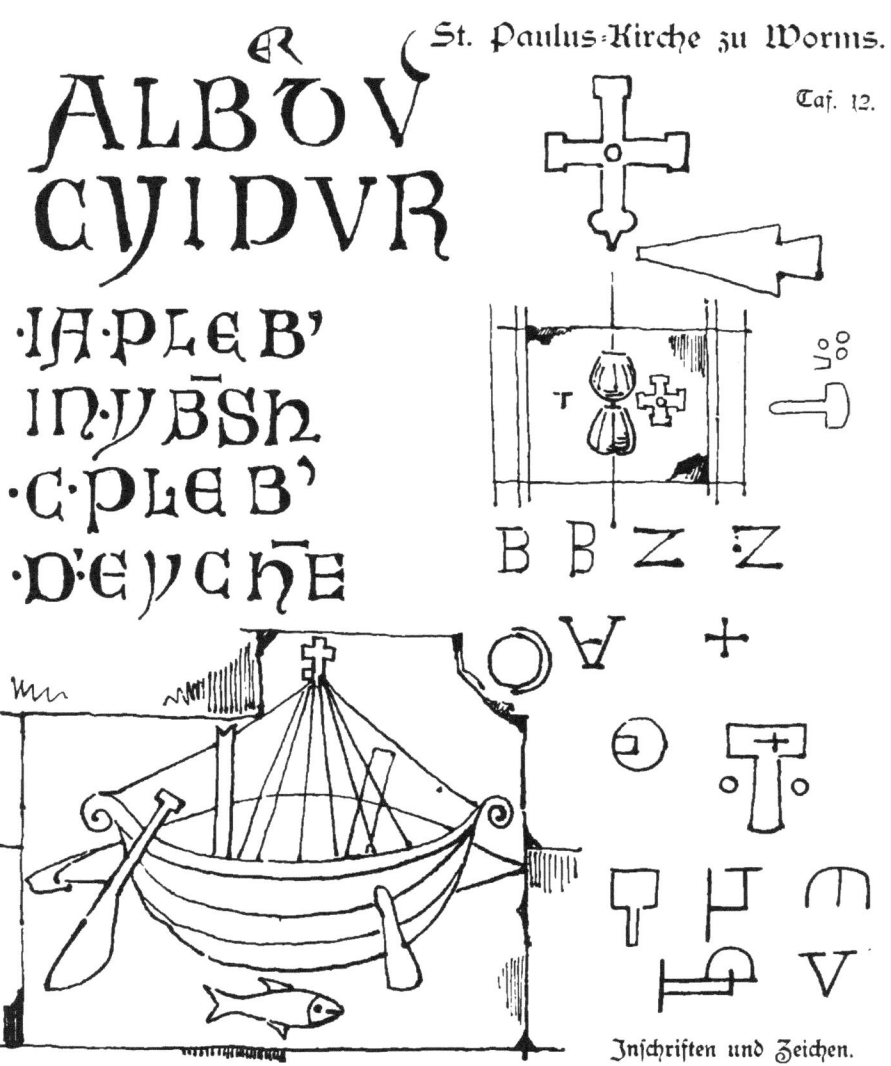

Inschriften und Zeichen.

Taf. 13.

St. Paulus-
Kirche
zu Worms.

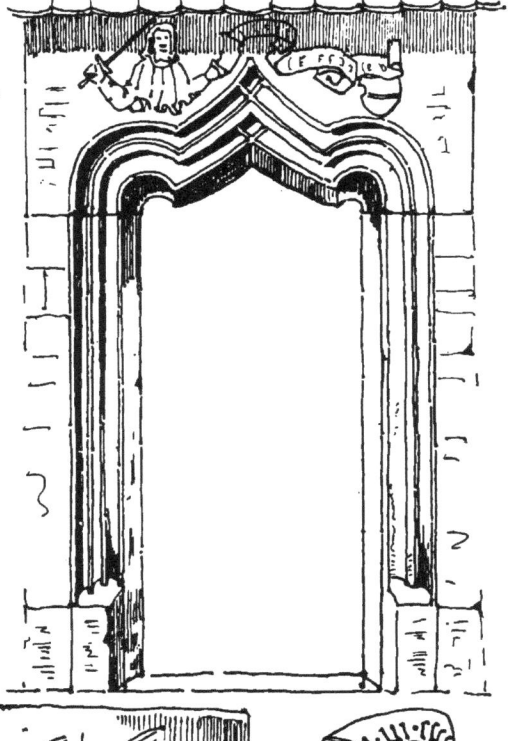

Inschriften und Einzelheiten.

St. Paulus-Kirche zu Worms. Taf. 14.

Südseite und Aufgang des Kreuzganges.

Inhalt.

Die St. Paulus-Kirche, ihr Bau und ihre Geschichte . S. 1

Anlagen:

    1. Die Pfarrei St. Rupert bei der Paulus-Kirche S. 25
    2. Die Siegel des St. Paulus-Stiftes . . . . S. 35
    3. Inschriften an der St. Paulus-Kirche . . . S. 37
    4. Belege . . . . S. 41

Tafeln:

    1. Grundriß und innere Längenansicht.
    2. Chor und Kreuzgang von NO.
    3. Einzelheiten vom Chor.
    4. Ansicht von NW.
    5. Südliches Oratorium. Wandarchitektur und Einzelheiten.
    6. Wandbild an der Nordseite des Chors.
    7. Kreuzgang. Grundriß.

✤ ✤

8. Hofansicht des Kreuzganges.
9. Einzelheiten vom Kreuzgang.
10. Innenansicht der Kirche gegen W.
11. Siegel des St. Paulus-Stifts.
12. Inschriften und Zeichen an der St. Paulus-Kirche.
13. Inschriften und Einzelheiten.
14. Südseite und Aufgang des Kreuzganges.

Die Mittheilung der Siegel aus dem Großherzogl. Haus- und Staatsarchiv zu Darmstadt verdanke ich dem gütigen Entgegenkommen der Herren Haus- und Staatsarchivar Dr. Gust. Freiherrn v. Schenck zu Schweinsberg und Dr. Arthur Wyß daselbst.

Für Nachweise mancherlei Art bin ich Herrn Dr. Franz Falk, Pfarrer zu Mombach und Herrn Rechts-Anwalt Ernst Wörner in Darmstadt verpflichtet.

Den Grundriß und Längenschnitt konnte ich aus den Aufnahmen des Herrn Baurath Heim in Worms benützen; die anderen Aufnahmen wurden durch Herrn Architekt Ph. Baum zu Mainz gemacht.

Die künstlerischen Beigaben des Druckes sind von Herrn P. Halm in München zu diesem Zwecke entworfen und ausgeführt.

Die Zeichnung der Siegel wurde von Herrn Th. Catoir in Mainz hergestellt.

Die Wiedergabe der verschiedenen Beilagen und Ausstattungstheile wurde durch Phototypie in der Druckerei von Carl Wallau ausgeführt.

Die Herstellung des Ganzen erfolgte zwischen 24. September und 8. October.